ISSN 1904-5379
JANUA RELIGIONUM
Studia historica et comparativa

edenda curat

Jørgen Podemann Sørensen
Københavns Universitet

10

Jørgen Podemann Sørensen

Offer

2023

Forlag: BoD - Books on Demand, Hellerup, Danmark.
Fremstilling: BoD - Books on Demand, Norderstedt, Tyskland
ISBN: 9788743055501

MIX
Papir fra ansvarlige kilder
Paper from responsible sources
FSC® C105338

INDHOLD

Indledning: Offerets problem

Det første virkelig substantielle moderne bidrag til det komparative studium af religion som et socialt og kulturelt fænomen var Henri Hubert og Marcel Mauss' essay om offeret fra 1898. Det var en lille afhandling på godt 100 sider i det dengang helt nye tidsskrift *Année sociologique*. De to forfattere var begge en del af den nye franske sociologiske skole, hvis hovedmand var Marcel Mauss' onkel Émile Durkheim, men i deres fælles forfatterskab var de i langt højere grad end Durkheim komparative i deres teoridannelse, og de lagde også meget større vægt på studiet af religiøse tekster. Faktisk var det deres opfattelse, at en generel teori om offeret ikke kunne bygges alene på etnografisk materiale. Det var ikke, som mange af deres samtidige endnu troede, nok at forstå offerets oprindelse på et primitivt evolutionstrin. Der skulle udvikles generelle, tværkulturelt gyldige begreber og teorier, og midlet dertil var komparative studier på tværs af kulturer og historiske perioder.

Komparative religionsstudier kendte man også til før 1898, og få år tidligere havde W. Robertson Smith vakt opmærksomhed med bogen *The Religion of the Semites* (1889), der netop havde offeret som sit helt dominerende fokus og i høj grad støttede sig til etnografisk materiale i forsøget på at rekonstruere 'semitternes' oprindelige religion. Men fælles for disse ældre komparative studier var netop ideen om at man kunne sammenligne sig til det oprindelige. Historikeren skulle interessere sig for sit emnes oprindelse og natur ('origin and nature', 'Ursprung und Wesen'), altså søge tilbage til den grundform, hvoraf det var vokset frem ('origin and growth'). Det nye hos Hubert og Mauss var, at nu drejede det sig om 'la nature et la fonction' / 'nature and functions.' Det betød at interessen nu samlede sig om at opstille en almengyldig model for analysen og forståelsen af offerritualer i deres sociale og kulturelle sammenhæng.

En sådan model måtte blive meget abstrakt, hvis den virkelig skulle kunne anvendes i beskrivelsen af ofre hos såvel Australiens indfødte og Nordamerikas indianere som hos oldtidens jøder, grækere og romere og i Indiens righoldige ritualtradition. Og her er vi netop ved den store fordel ved komparative studier: idet man søger at bringe stof fra meget forskellige kulturelle sammenhænge på en fælles formel, starter en abstraktionsproces, der danner almengyldige begreber. Men det er vigtigt at holde fast i, at resultatet af komparative undersøgelser er *begreber* og *analysemodeller*, ikke virkeligheden selv, men midler til at håndtere og forstå den.

Det generelle offerskema, som Hubert & Mauss foreslog i 1898[1], er netop af denne abstrakte, almengyldige karakter. Ved et offer er der én, der ofrer – og som også tænkes at høste gavn af offeret, *le sacrifiant*, 'den ofrende' eller 'offerherren.' Ofte er der tillige en religiøs specialist, *le sacrificateur*, som udfører ritualet, og et offermateriale, *la victime*, som dræbes, brændes, spises, gives væk eller ødelægges. Det der sker ved offeret, er at der akkumuleres hellige kvaliteter i offermaterialet (*sacrificium* betyder jo egentlig helliggørelse), og disse kvaliteter og den velsignelse, der er ved dem, overføres på *le sacrifiant*, som kan være en person, en gruppe eller en hel nation. Velsignelsen kan også overføres til et objekt, fx høsten eller kvæget, som har betydning for den person eller gruppe, der ofrer.

Når der tales om 'hellige kvaliteter' og 'helliggørelse' er det et godt eksempel på hvordan Hubert og Mauss søger den åbne, abstrakte formulering. Hos Durkheim og hans elever

---

[1] Cf. Hubert & Mauss 1909: 9-71 eller (på engelsk) 1981: 9-49

har begrebet 'hellig' ikke et bestemt indhold; det er et rent relationelt begreb, der blot betegner noget som 'sat udenfor' eller 'hævet ud af det almindelige.'[2] Hver kultur har sit sæt af mere konkrete religiøse forestillinger, der mobiliseres for at hæve noget ud af almindeligheden og gøre det til et særligt omdrejningspunkt.

Mens andre dele af Hubert og Mauss' offerteori er mindre aktuelle i dag, så er selve dette abstrakte skema faktisk blevet stående. Det foregreb ikke blot A. van Genneps teori om overgangsriter fra 1909, det ligger også bag kapitlet om offerets logik ('The Logic of Sacrifice') i Edmund Leachs meget læste og ofte genoptrykte lærebog *Culture and Communication* (1976). Og tanken om akkumulation af hellige kvaliteter er faktisk en tidlig formulering af Catherine Bells endnu højaktuelle ide om ritualisering – der jo netop peger på vigtigheden af at studere det, der hæver en handling ud af almindeligheden og gør den til et ritual.

Når alt kommer til alt, er et offer jo også først og fremmest et ritual. Man kan ikke for alvor forstå, hvorfor mennesker verden over har ofret kvæg, planteprodukter, velduftende sager og kunstfærdige ting, hvis man blot anskuer det som en del af et gudsforhold. Navnlig tidligere inddelte man ofre i typer efter deres funktion i et gudsforhold: takoffer, sonoffer, gaveoffer mv. Det var vel lige så rigtigt som at kalde en cykel med to hjul for en tohjulet cykel, men det bragte ikke afgørende indsigt i offerets logik. Her skal vi forsøge konsekvent at anskue offeret som et ritual, dvs. inden for rammerne af generel ritualteori, men også som en særlig type ritual, der er karakteristisk ved at der anvendes et materiale,

2 Ordet 'hellig' er faktisk i familie med 'helle', der jo netop betegner et sted eller en position, hvor man kan være uberørt af begivenhedernes (eller trafikkens) strøm.

der på en eller anden måde forbruges i løbet af ritualet eller i forlængelse af det.

Alle ritualer indebærer en art cirkulær logik, som er særlig tydelig i offeret, fordi det ligesom samler alt i et offermateriale. Ritualet tænkes at virke, fordi det på en eller anden måde indeholder en kosmisk orden, evt. i endnu uudfoldet form, som en matrice eller en genetisk kode til det kommende. Man kunne kalde dette ritualets *kosmonomi*. Det som ritualet bevirker, er en opretholdelse eller hævdelse af den kosmiske orden, enten som helhed eller som korrektiv til enkeltstående uordener. Et ritual er således en handling, som tænkes at reproducere sig. "Bliv frugtsommelig," sagde maorierne, når de lagde batater på deres hellige mark, "helt ind i landet, helt ud til havet."[3] Tanken var at det der foregik rituelt på det lille stykke mark, der var udnævnt til hellig mark, skulle sprede sig som ringe i vandet og frugtbargøre hele landet. Trylleformler påberåber sig typisk naturens orden eller mytiske matricer til rituel korrektion eller beskyttelse: De byder det onde at forsvinde "som dug for solen"[4] eller "som salt i vand,"[5] eller i medfør af den beskyttelse, som guderne i urtiden ydede Osiris, da han lå i vandet som et let bytte for krokodiller.[6] Ritualet indeholder så at sige sin egen virkning.

Når ritualet er et offer, der jo netop er karakteristisk ved at samle alt i og omkring et offermateriale, kan det føre til meget kompakte udtryk. Den kinesiske klassiker *Shijing* (Odernes bog) har bevaret en offertekst, der i al sin enkelhed udtrykker offerets kompakte, cirkulære logik. Den der bringer

---

[3] SFR 118

[4] fx DT 131, 143, 422, 586

[5] tamquam salis in aqua, Marcellus XV,101, cf. Heim 1892, no. 51.

[6] Podemann Sørensen 1984, 7-9 med flere eksempler.

offeret og taler i teksten er 'Himmelens søn', en konge af det berømte *Zhou*-dynasti:

> Se, det er tid at vi ofrer det bredbringede handyr (tyren),
> kom og gå mig til hånde ved ofringen.
> Stor var min ophøjede fader,
> han styrker mig, sin pietetsfulde søn.
>
> Alvis var han som menneske,
> i fred og i krig en hersker.
> Selv den ophøjede Himmel forsoner han.
> Han formår at skabe velstand for sine efterkommere.
>
> Han vil styrke mig gennem et langt og virksomt liv,
> og begave mig med frodig velstand.
> Jeg tjener min strålende bortgangne fader,
> ligesom jeg tjener min ædle bortgangne moder. (*Shijing* 282)[7]

Kongen lader her sin fader betegne både den *kosmonomi*, han gennem sin dynastiske legitimitet investerer i ritualet, og den forbindelse op til den ophøjede Himmel, som behøves: Faderen var en alvis hersker, altså en skaber af orden, og desuden en der vedligeholdt det gode kultiske forhold til Himmelen. Men ikke nok med det: faderen kommer også til at betegne de himmelske velsignelsers vej ned til den regerende og ofrende konge. Det hele beror på den dynastiske legitimitet, men offeret er ligesom den aksel, det drejer sig om, og det er i offerritualet, at det legitime kongedømme og hele den medfølgende samfundsorden fornyes.

Offerets cirkulære logik indgår også i nogle af de klassiske religionshistoriske offerteorier. Vi har allerede nævnt det helt basale begrebsskema, der indleder Hubert & Mauss' berømte *Essai sur la nature et la fonction du sacrifice* fra 1898, hvor offer

---

[7] Oversat af Søren Egerod (1987, 49) Originaltekst og ordret overs. i Karlgren 1950, 246.

netop består i akkumulation af sakrale kvaliteter i et offermateriale og overførsel af disse kvaliteter til den ofrende eller til ritualets objekt, fx høsten eller kvæget. Den ofrende er altså også her både den ydende og den nydende.

G. van der Leeuws godt og vel 20 år yngre offer-essay[8] er på sin egen måde endnu mere eksplicit om offertankens cirkulære logik. Han reagerede mod den teistiske forståelse af offeret som et led i et gudsforhold og pointerede, at der ikke altid er en personlig gud som modtager af et offer. Offeret faciliterer for ham en cirkulation af livskraft (som også kan kaldes guddommelig kraft eller *mana*), og han forstår den velkendte *do ut des*-formel ('jeg giver for at du skal give') ikke som en handel, men som udtryk for en vekselvirkning. Den ofrende tænkes at styrke guden, der så kan øge sine velsignelser. Eller, mere upersonligt forstået: offeret holder en verdensproces i gang.

G. van der Leeuw var, som enhver nemt kan overbevise sig om ved at konsultere hans *Phänomenologie der Religion* (1933, 1956, 1970) overordentlig belæst på hele religionshistoriens brede felt, men specialist i oldtidens ægyptiske religion. I hans offer-essay er der mærkelig nok ikke mange henvisninger til det gamle Ægypten, men måske har han alligevel hentet en del af sin inspiration derfra. I ægyptiske tempelindskrifter vrimler det med vidnesbyrd om *do ut des*-princippet som en vekselvirkning. Typisk viser tempelrelieffer kongen, der som hele Ægyptens offerherre overrækker templets gud landets produkter og hvad han i øvrigt har at byde på; guden takker og skænker til gengæld kongen langt liv, stabil regering og trivsel i landet.

---

[8] van der Leeuw 1920; mere kompakt og med inddragelse af senere litteratur i hans fænomenologi (van der Leeuw 1970, 393-406) § 50.

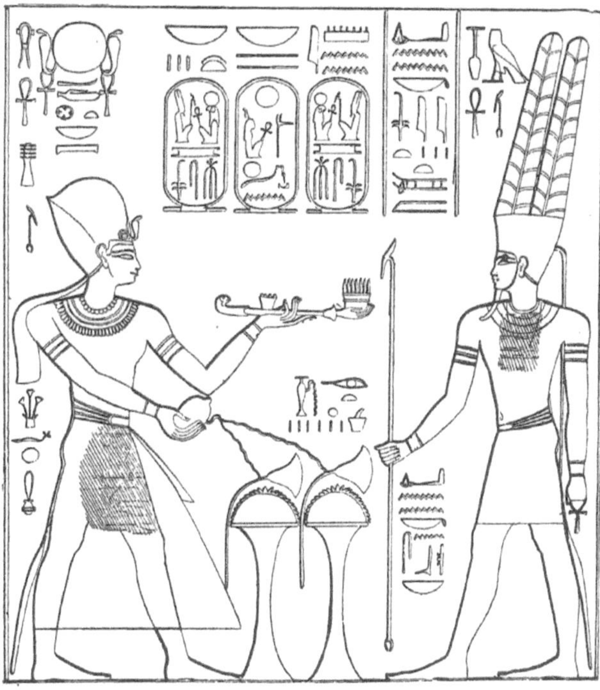

Tempelrelief fra Luxor. Ramses II ofrer og brænder røgelse til guden Amon med den høje fjerkrone. Over guden står hans tak eller gengæld til kongen: "Jeg giver dig (urguden) Atums kongedømme." Den fortsætter under gudens hånd: "Jeg giver dig al sundhed."

Maat-offeret

Men den skarpeste formulering af offeret som vekselvirkning og verdensproces er nok Maat-offeret, som indgik i det ægyptiske daglige tempelritual[9] som ritualets kulmination og som et samlet udtryk for tempelkultens hele anliggende. Det er således også et af de hyppigst afbildede tempelritualer gennem det meste af den tid, hvor vi kender den ægyptiske

[9] Cf. Moret 1902. Ritualet er i sin helhed (66 kapitler) oversat til dansk i Podemann Sørensen 2013, 134-171.

tempelkult, dvs. fra ca. 1500 f.v.t. til ca. 200 e.v.t.[10] Tempelrelieffeme viser kongen, der overrækker den pågældende gud en lille figur af gudinden Maat, der personificerer den kosmiske orden eller måske mere præcist det, der får verden til at eksistere som en holdbar orden. Begrebet *maat* spænder ligesom danske ord som 'arbejde', 'grøde' og 'liv' over en kausalnexus: arbejde er både proces og resultat; grøde er både grokraft og afgrøde; og liv betyder både det liv, der er i os, og det liv vi lever. På samme måde er *maat* både verdens DNA og den færdige, ordnede verden.[11]

Det daglige tempelritual foregik i templets sanktuarium eller "allerhelligste", hvor gudens kultstatue stod i sit naos. Kun ypperstepræsten eller en stedfortræder havde adgang, og ritualet bestod i at tænde lys, brænde røgelse og åbne naos under fremsigelse af tekster, der gav hver eneste lille handling mytisk og/eller kosmisk betydning. Når naos stod åbent, var både guden, præsten og hele verden på spil, og i denne kritiske og åbne fase tog præsten fat på hymnerecitationen. Netop i hymnerne, der anråber guddommen i alle hans eller hendes navne, bygges guden så at sige op på ny i alle sine funktioner. I en af dem (kap. 38) hedder det ligefrem: "Måtte du blive til, du herre over alle ting!" Blandt disse hymner er også teksten til Maat-offeret. Resten af ritualet har man kaldt gudens toilette: det består væsentlig i gudens renselse, røgelse, salvelse og påklædning. Guden gøres så at sige funktionsdygtig og salonfähig.

Selve teksten til Maatofferet[12] begynder med ordene: "Det er med begge mine arme fulde af *Maat*, at jeg er kommet til dig." Men ellers er den i høj grad komponeret som en

---

[10] cf. i alm. Teeter 1997

[11] Om *maat*, cf. i alm. Assmann 1990

[12] Sammen med de øvrige hymner fra ritualet er teksten oversat i Assmann 1999, 269-282

Ramses II ofrer Maat til guden Ptah i Karnaktemplet (Bonnet 1924, fig. 90)

solhymne, for den bevarede version er jo tilegnet Amun-Re i det store rigstempel i Karnak. Snart bringes dog Maat på bane som et hovedmotiv:

Hil dig, udstyret som du er med Maat!
Du som har frembragt hvad der eksisterer og skabt det værende.
Du er den herlige gud, den elskede.
Det er når guderne frembringer Maat for dig, at du bliver nådig.

Af Maat bliver du til, af Maat lever du,
med Maat forener dit legeme sig,
idet du lader Maat sætte sig på dit hoved,
så at hun kan indtage sin plads på din pande –
din datter Maat, som du forynges ved at se,
af hvis dugs duft du lever.

Her hyldes guden som en, der besidder *maat*, og dette begrundes eksplicit med at han er skabergud. Maat betegner her den kosmiske orden, som guden har skabt og råder over, altså ensbetydende med 'hvad der eksisterer' og 'det værende', og samtidig forstået som en egenskab eller en evne hos guden. Men ikke nok med det: Maat er også noget, guden får tilført, dels af guderne, dels naturligvis i Maatofferet; og når det sker, bliver han nådig (*ḥtp*), dvs. han bliver stabil i sin virksomhed som skaber og opretholder. Maat er ligefrem det, der får guden til at blive til, og med en hyppigt forekommende vending lever guden af Maat (Assmann 1990, 188-191). I det følgende skildres det, der sker ved Maatofferet på en anden måde: Maat føjes til guden og indtager sin plads som Uræusslangen på hans pande. Amun-Re er jo gudernes konge, og bærer ligesom den jordiske konge en Uræusslange (en spyttende cobra) i panden. Den tænkes at brænde kongens fjender og dermed lade *maat* opstå foran ham. Men side om side med denne barske side af sagen optræder så en mere intim forståelse af Maatofferet: Maat er også gudens datter, som han oplives ved at se. I den fortsatte tekst er Maat også en lykkebringende amulet om gudens hals, og i det hele taget identificeres både alt det der gør guden levende og aktiv og alt hvad guden modtager i kulten med Maat:

Dit højre øje er Maat, dit venstre øje er Maat.
Din krops åndedrag, dit hjerte et Maat.
Med Maat drager du gennem de to lande (dvs. Ægypten),
med Maat salver du dit hoved;
med armene bærende på Maat går du omkring.

Din klædning, dit *jsn.t*-klæde er Maat,
dit legemes klædning er Maat.
Af Maat spiser du, af Maat drikker du;
dit brød er maat, dit øl er maat.
Som maat indånder din næse røgelsen;
din næses ånde er Maat.
....
Når jeg løfter Maat op til dig, er hendes arme foran dig,
og dit hjerte befinder sig vel ved hende.
Når verdens ender kommer til dig med Maat,
er det for at give alt, hvad Aton (solen) omkredser.

Her er Maat selve gudens liv: sanser, åndedræt, hjertets tanker og følelser – og tillige det som guden har med sig på sin færd gennem landet, det som guden yder. Samtidig er Maat også det som guden får i dette ritual: salve (kap. 54), klæder (kap. 49-53), røgelse (kap. 4, 21, 35, 48, 60) og i mange andre ritualer, fx brød og øl. Det er værd at lægge mærke til, at både den røgelse, guden indånder *og* gudens ånde er Maat. Alt dette sker fyldest når præsten løfter Maat-figuren op til guden. Det er virkelig, med van der Leeuws formulering, tænkt som en cirkulation af livskraft. Det er også en verdensproces, for principielt er det jo kongen, der på hele verdens vegne står og rækker Maat op til guden – og maat er også hele den kosmiske orden.

Teksten til Maatofferet i det daglige tempelrituals kap. 42 er måske endda endnu mere radikal end van der Leeuws ungdommelige offerteori, for lidt senere hedder det:

Når du eksisterer, eksisterer Maat – og omvendt;
når Maat er forenet med dit hoved,
bliver hun til foran dig til evig tid. ...

Vendingen 'og omvendt' (*ṯs pẖr*) indebærer at præsten skulle recitere: "Når du eksisterer, eksisterer Maat; når Maat eksisterer, eksisterer du." Guden og Maat siges her ligefrem at betinge hinandens eksistens, og det siges endda skarpt, så at sagen sættes på spidsen. Men egentlig drager det blot konsekvensen af tidligere udsagn: Når guden har *maat,* består af *maat,* får *maat* og skaber og opretholder *maat,* så må det blive resultatet, og så kan det hele munde ud i at *maat* bliver til foran guden til evig tid. Men denne evige verdensproces må holdes i gang af kulten, der tilfører guden *maat.*

I Ægypten var *maat* også samfundsordenen og naturens orden, hvis ypperste repræsentant og opretholder kongen var.[13] Principielt var det også kongen, der som hele Ægyptens offerherre forestod al kult, kun måtte den naturligvis i praksis uddelegeres til talrige præster. I Maat-offeret var det således *maat*s jordiske forvalter, der skænkede guden *maat;* guden bestod selv af *maat* og tænktes at skabe og opretholde *maat* i verden. Maatofferet er altså en rituel formulering af offertanken hvor den ofrende, offeret, guden og den verden, der nyder godt af offeret, er konsubstantielle: én og samme substans, *maat,* bringes til at cirkulere i verden som et livgivende kredsløb. Og vi skal lægge mærke til at formuleringen er bevidst skarp og radikal: den drager den fulde konsekvens af offertankens og ritualets cirkulære logik.

---

[13] Frankfort 1948, 51-52; Assmann 1990, 201-230

Offertanken i det vediske Indien

Religionshistorisk velkendt er Purusha-hymnen i *Rigveda* 10, 90, der slutter med en lige så radikal formulering af et mytisk forbillede for offerets cirkulære logik: "Med offeret ofrede guderne til offeret."[14] Purusha-hymnen hører til de sene dele af Rigvedas tekst og er udtryk for den samme universalisering af offeret, som vi møder i *Brahmana*-litteraturen. Ligesom i det ægyptiske Maat-offer er offeret her hele verden: Urmanden *Purusha,* det universelle mytiske forbillede for alle ofre, betegner både offeret, den der ofres til og offerets resultat. I strofe 2 hedder det:

Alt her i verden er Manden (*Puruṣa*),
det, som er blevet til og det, som vil blive til,
og han er herre over udødeligheden,
som han vokser ud over ved føde. (RgV 10, 90, 2)

Den lille strofe rummer jo hele van der Leeuws offerteori i en nøddeskal. Når der i vediske tekster tales om føde (*ánna*) menes der typisk ofre. Når der ofres, vokser Purusha, som er alt, han vokser ud over udødeligheden (*amṛtatvásya*), dvs. guderne og hele den guddommelige sfære. Offeret er altså en verdensproces, hvor jordiske goder investeres i guddommelig vækst, der igen resulterer i jordiske velsignelser. Denne forståelse af strofe 2 styrkes i de følgende strofer, hvor det fremgår at tre fjerdedele af Purusha udgør det udødelige i himlen, mens "en fjerdedel af ham kom til verden her nede." Den bredte sig ud i alle retninger og blev til alt i hele verden (str. 4). I strofe 5 hedder det nu videre:

---

14 RgV 10, 90, 16: *Yajñéna yajñám ayajanta devás*. Jeg citerer her og i det flg. Purusha-hymnen i Ole Holten Pinds oversættelse i Ahle 2013, 20; en ældre dansk overs. i Fenger 1919, 52-53.

Fra den del blev *Virāj* født,
fra *Virāj* Manden. Da han blev født,
ragede han ud over jorden,
foran og bagtil. (RgV 10, 90, 5).

Uanset hvem *Virāj* er, står vi her over for en provokerende paradoks formulering, ikke ulig teksten til Maatofferet, hvor den ægyptiske skabergud og Maat gensidig betinger hinandens eksistens. *Virāj* er en betegnelse for den suveræne herskerrolle og betyder egentlig 'den der breder sig mægtigt' eller 'den der hersker vidt og bredt.' Ordet er grammatisk femininum og betegner skabelsens kvindelige princip og samtidig, ligesom Purusha i denne hymne, hele universet.[15] Men hvordan kan det give mening, at *Virāj* både fødes af Purusha og føder Purusha? *Virāj* kommer af den fjerdedel af Purusha, der kom til verden og bredte sig i alle retninger i strofe 4. Af den ofrer man og lader derved Purusha komme til verden på ny i forøget skikkelse, så han rager ud over jorden (med rigelige velsignelser til følge). Som et udtryk for offertanken giver det mærkelige udtryk altså mening, men det er værd at lægge mærke til, at formuleringen netop sætter sagen på spidsen: det er i den verdensproces, som offeret holder i gang, at alting er grundlagt. I ur-offeret blev hele den kosmiske orden til: naturen, husdyrene, hymnerne og deres versemål, samfundsordenen med de 4 *varna*'er[16] og hele det større univers (strofe 8-14). Og hvert eneste senere offer reproducerer og fornyer hele denne orden. Purushahymnen kan således munde ud i den allerede citerede konklusion:

Med offeret ofrede guderne til offeret.
Det var de første regler (*dhármāṇi*). (RgV 10, 90, 16)

---

[15] Gonda 1954, 67 og 77; cf. Proferes 2007, især kap. 3.

[16] Netop Purushahymnen RgV 10, 90, 11-12 er berømt som det eneste sted i Rigveda, der nævner de 4 *varna*'er, udgangspunktet for det senere indiske kastesystem.

Offeret er her både middel, mål og omdrejningspunkt; offerhandlingen består i en cirkulation af liv og velsignelse, og i den rituelle dynamik er også *dhárman,* 'det holdbare', 'den etablerede orden' eller, om man vil, *kosmonomien* forankret.

Den tanke finder vi mangfoldige udtryk for i *Brahmana*-litteraturen. Et hovedformål med denne litteratur er netop at stille klassifikatorisk viden til rådighed for dem, der ofrer. *Brahmanaernes* næsten totalitære projekt er, med titlen på Brian Smiths (1994) skelsættende bog: *Classifying the Universe,* altså at opstille en detaljeret, men universel og systematisk kosmologi i tilknytning til det vediske offer i dets overleverede former. Med en ældre og mere hårdhændet formulering (Hardy 1898:45) kan man vælge at betragte hele *Brahmana*-litteraturen som "et vigtigmageri, der opskruer hver eneste håndbevægelse til en verdensbevægende dåd." I grunden indebærer enhver ritualisering noget i den retning: handlinger løftes ud af det ligefremme og dagligdags, idet de udnævnes til bærere af en mere universel betydning og virkning. Men *brahmanaerne* er rigtignok et af religionshistoriens mest omfattende og systematiske projekter af denne art.

Universaliseringen af offeret er ikke blot det som hele denne litteratur tenderer mod; den kommer også helt eksplicit til orde. I *Śathapatha Brahmana* siges ild-alteret at være hele den jordiske verden, men også luften, himmelen, solen, stjernerne og de hellige teksters versemål, som så at sige er den genetiske kode til hele universet.[17] Velkendt er også det største af de vediske ofre, hesteofferet (*Aśvamedha*) hvor offerhesten identificeres med hele verden:[18]

---

[17] SB 10, 5, 4, 1-9. Samme universalisering af alter og offer ses også i Yajurveda 23, 62, hvor alteret siges at være jordens yderste ender, mens offeret er verdens centrum.

[18] TS 7, 5, 25; SB 10, 6, 4, 1 og *Bṛhadāraṇyaka Upaniṣad* 1, 1

Morgenrøden er Offerhestens hoved; Solen dens øje; vinden dens Aande; dens åbnede svælg er Agni Vaiçvânara, og Aaret er Offerhestens Krop. Himmelen er dens Ryg; Luftrummet dens Mave; Jorden er dens Bug. Verdenshjørnernes Hovedpunkter og Mellempunkter er dens Sider og Ribben; Aarstiderne er dens Lemmer; Maaneder og Halvmaaneder dens led; Dage og Nætter dens Ben; Stjernerne dens Knogler, Skyerne dens Kød. ... (*Bṛhadāraṇyaka Upaniṣad* 1, 1; overs. af P. Tuxen (1953: 165))

Den verden, som skal blive til på ny, er stede i offeret: Hestens krop er dens præeksistente form, ritualets *kosmonomi*, der realiserer sig i offerhandlingen. *Śathapatha Brahmana* taler ligefrem (omend meget abstrakt) om et alt-offer (*sarvamedha* SB 13, 7, 1, 1). Det skildres som det højeste af alle ofre, indbefattende essensen af alle ofre. For dets mytiske ophavsmand, brahmanen *Svayambhu* ('det selv-eksisterende') er det et stærkere alternativ til askese; han beslutter at ofre sit eget selv i skabningerne og skabningerne i sit eget selv. Her er vi tydeligvis allerede inde i upanishad-tænkningen, der jo netop handler om selvet som et potentiale for mystisk opgåen i Altet. Ikke desto mindre er teksten udformet i *brahmana*-stil, som ritualkommentar, og den insisterer på offertanken. *Sarvamedha* siges at vare 10 dage. En af dem kaldes *āśvamedhika*, 'hesteoffer-agtig', en anden *pauruṣamedhika*, 'purusha-offer-agtig' (SB 13, 7, 1, 5-6); der knyttes altså an til den vediske traditions allermest universelt forståede ofre.

Ligesom offeret kan siges at gælde for *purusha* eller for hele verden, kan det også identificeres med en skabende gud. Særlig hyppigt identificerer *brahmanaerne* offeret med *Prajāpati*, 'Skabningernes herre'.[19] Et sted (SB 5, 2, 1, 15) siges den der ofrer at vinde alt i og med at han vinder Prajapati, som er alt, og han bliver også selv til Prajapati (ibid. 25). Prajapati kan

[19] SB 1, 1, 1, 13; SB 5, 1, 2, 11; SB 5, 2, 1, 4; SB 10, 2, 1, 1 (Prajapati = alle offerdyr); SB 10, 2, 2, 2; SB 14, 1, 2, 18.

altså både være den der ofrer,[20] det der ofres og offerets resultat, det fornyede univers. Ligesom den ægyptiske gudinde Maat kan denne vediske skabergud betegne alle led i offerritualets proces. Brahmanaerne fortæller to myter om Prajapati, der kaster lys over dette: i den ene (SB 6, 1, 1, 8-6, 2, 12) ønsker Prajapati at formere sig. Det gør han, kunne man sige, på hesteoffer-agtig eller purusha-offer-agtig vis, idet hans person del for del bliver til verdensprincippet *brahman* og vedalitteraturen (af munden), hesten og andre husdyr, jorden, vandet, sand, mudder, klippe, vind, sol mm. – hele den mangfoldige alskabning.[21] Det indebærer, at han så at sige falder fra hinanden; han beder da Agni, offerilden, om at blive genopbygget (SB 6,1, 2, 13), og netop denne genopbygning eller rekonstruktion anvendes som offerets mytiske forbillede.[22] Mere abstrakt forstået indebærer myten altså at offer på en vis måde består i at gendanne skaberen ved hjælp af en del af skabningen. Men vi har også set at denne del fx kan være en hest, der indeholder hele kosmonomien, og *brahmana*-litteraturens hele enorme klassifikationsprojekt er jo at vise, at hvert eneste element i vedisk offertradition har del i kosmonomien og kan reproducere den (Smith 1994).

Prajapati kan også optræde som den der har skabt eller indstiftet offeret.[23] Det er netop emnet for den anden myte, der fortælles to gange i *Śathapatha Brahmana.*[24] Dens narrative ramme er, som i mange andre *brahmana*-myter, en kappestrid mellem guderne og asurerne, hvor asurerne gør hvad man ikke skal gøre, guderne kommer lidt bedre fra det, og én af

---

[20] cf. også SB 7, 4, 1, 15-16.

[21] SB 7, 4, 1, 15-16 identificeres Purusha med Prajapati. Offeret kan også identificeres med Vishnu, der vokser og breder sig til hele verden eller med sine skridt udmåler verden: SB 1, 2, 5; SB 1, 3, 4, 16; SB 6, 7, 2, 10-16; SB 14, 1, 1, 6.

[22] SB 7, 4, 1, 39-40; SB 8, 3, 3, 9-10; SB 8, 2, 1, 6-7; SB 10, 4, 1, 1-2

[23] TS 1, 6, 8-9

[24] SB 5, 1, 1, 1-2 og SB 11, 1, 8, 1-6.

dem, i dette tilfælde Prajapati, som de alle stammer ned fra, gør det helt rigtige og eksemplariske. Her drejer det sig om offer, og asurerne ofrer simpelthen til egen mund, guderne ofrer til hinanden, og Prajapati giver sig selv helt og ubeskåret til dem. Derved skaber han offeret som et modstykke til sig selv, og netop derfor, hedder det belærende, siger man at offeret er Prajapati. På tilsvarende måde må offerherren faste og overholde andre restriktioner for ligesom Prajapati at give sig selv helt og fuldt. Ved offerhandlingen kan han da også frigøre et modstykke til sig selv, som bliver hans selv 'i hin verden', altså hans udødelige selv.

I denne myte er Prajapati det mytiske forbillede for offerherren,[25] men han er også offeret, og offerets resultat er det frisatte modstykke til ham. Endnu en gang ser vi altså, at alle ritualets hovedelementer hævdes at være identiske: det, der ofres, indeholder eller betegner den, der ofrer, og det indeholder også allerede, i uudfoldet form det, der skal blive resultatet af offeret. Begge de to myter om Prajapati og offeret understreger ritualets cirkulære logik. Den kredser *brahmana*-teksterne ofte om, og hvis det tager sig ud som en særlig subtil form for tomgang, må man huske at disse tekster ikke som senere tiders teologi og filosofi forsøger at vise, at religiøse påstande giver mening i menneskers liv. Al den mening og sammenhæng, de etablerer, er en del af besværgelsen. Den skal ligesom de reciterede tekster få ritualet til at virke.

Virkning, altså rituel effikacitet, er også formålet med en række formuleringer, der på en lodret og provokerende måde gør offeret til sit eget mål, middel og/eller resultat. Vi har allerede mødt en af disse formuleringer i Purusha-hymnens

---

[25] SB 7, 4, 1, 15-16 identificeres offerherren med Prajapati; SB 10, 4, 1, 1-2 siges offerherren at ofre sit selv på samme måde som Prajapati. Cf. også AitB 2, 3 og KB 10, 3 hvor offerherren siges at forløse eller frigøre sig selv og SB 8, 3, 4, 8, hvor offerherren i kraft af ofring af husdyr siges at etablere sig selv 'i hin verden.'

slutning: "Med offeret ofrede guderne til offeret"[26]. I *Yajurveda* (YV 9, 21)[27] ønskes al mulig trivsel som resultat af offeret – og endelig at offeret må trives ved offeret. Et andet sted (YV 8, 22) beder man offeret gå til offeret og forbinde sig med offerherren og med sit eget hjem, altså fungere som bindeled gennem hele den verdensproces, som ritualet gennemfører. I *Śathapatha Brahmana* (9, 1, 55-56) refereres der til myten om Prajapati, der falder fra hinanden eller 'bliver udløst', og det hedder at ved den lejlighed faldt hans sæd fra ham. I ritualet er dette repræsenteret ved klatter af skyr eller kvark, og det forklares nu med *brahmanaernes* karakteristiske omsorg for klassifikation, at sådan skal det være, fordi sæd er mælk – og et offer er det, fordi offeret er offerets sæd. Der vælges altså endnu en gang helt bevidst en tautologisk udtryksmåde hvor offeret er sit eget ophav og sit eget resultat. Alt sammen tjener det til at samle alle ritualets tråde i offermaterialet og gøre det til altings centrum. I forlængelse af van der Leeuws ungdommelige offerteori kunne man sige, at et offer er et ritual, der gør et offermateriale til omdrejningspunkt for en verdensproces.

Det var muligvis en ren forglemmelse, når van der Leeuw ikke allerede i 1920 udnævnte netop dette til selve offerets væsen. Men lad os tøve lidt med det; det der har kunnet identificeres i de foregående komparative øvelser er en form for offerets retorik, en måde at sætte et ritual i scene på ved ligesom at samle alle ritualets niveauer og processuelle stadier i et offermateriale. Det indebærer en påstand om at processens genstand allerede indeholder hele processen, og det leder til de paradokse og provokerende formuleringer, vi har set. Men det er langtfra altid, denne radikale offerretorik

[26] RgV 10, 90, 16; formuleringen bruges også RgV 1, 164, 50. I AitB 1, 16 forklares formuleringen her med at man ofrer Agni (offerild) til Agni.
[27] Cf. hertil SB 5, 2, 1, 3-4.

kommer til udtryk sprogligt, som det sker i ægyptiske og vediske offertekster; det paradokse og cirkulære kan, som vi straks skal se, også demonstreres i handling.

Bjørnefesten

Det sker i den bjørnefest, der har været fejret i hele Nord-Eurasien, fra samerne i Nordskandinavien til ainuerne på den japanske ø Hokkaido. Særlig velbeskrevet er denne fest hos gilyakerne ved floden Amur i Sydøstsibirien[28] og hos ainuerne.[29] Den følgende gennemgang bygger på Leopold von Schrencks meget minutiøst beskrevne feltobservationer i 1855:

Til bjørnefesten hører en eller flere levende bjørne, som man må jage og fange. Man kan eventuelt også købe en bjørneunge, som andre har fanget. I begge tilfælde føres den hjem i triumf og modtages med jubel i landsbyen. Her sættes den i et solidt bur; ældre dyr tilbringer kun nogle måneder der, men unge bjørne holdes i fangenskab i flere år. Med halsbånd og lænke tages de dog med mellemrum ud af buret. Alle beboere bidrager til bjørnens pleje og fodring, især med fisk og en grød af revet fiskeskind i tran med tyttebær, som gilyakerne også selv ofte spiser. Alle har også ret til at deltage i bjørnefesten, når den tid kommer; von Schrenck kalder den ligefrem en kommunistisk fest og et højdepunkt i gilyakernes fællesskab og sociale liv. Ejeren af bjørnen bestemmer tidspunktet for festen og beholder skindet, men forventes også at beværte alle deltagerne.

---

28 Schrenck 1895, III 696-737

29 Cf. SFR 63-67; Batchelor 1929, 206-211; en svensk skildring med supplerende iagttagelser i Naert 1960, 183-190.

Festen finder sted om vinteren, hvor der er god tid til selskabelighed, især i december, men også i januar og februar. Den bjørnefest, som von Schrenck og hans medarbejdere observerede, begyndte 10 januar. Landsbyen var pyntet med snore hvorfra der hang bundter af krøllede høvlspåner, og foran husene var man optaget af leg og dans. Inde i bjørneværtens hus havde man fjernet hundebordet, dvs. den centrale forhøjning, hvor hundene blev fodret. Her stod nu hele 3 bjørne bundet til støttepillerne midt i huset. Med en lænke i et solidt læderhalsbånd og en sele ned om forbenene blev bjørnene holdt fast, men kunne dog bevæge sig moderat. Egentlig var der ikke megen plads mellem bjørnene og den forhøjning rundt langs husets vægge, hvor man sad eller lå. Alligevel hoppede man nu i sjippetov – måske, som von Schrenck forestiller sig, til ære for bjørnene, der jo på den måde ligesom kunne være med til de muntre lege, der ellers foregik udenfor. Bjørnene fik også et måltid af den omtalte fiskeskindsgrød med tyttebær. De labbede den i sig fra en lang træske (*nichyr*), der gjorde det muligt for den fodrende at holde en vis afstand til dyrene.

I den følgende tid trak stærke mænd rundt med bjørnene således at alle landsbyens syv huse fik besøg af hver af bjørnene. Mændene dannede en kæde på begge sider af bjørnen og holdt godt fast i dens lænker. De to nærmest bjørnen havde beskyttet sig ved at tage pelsjakken omvendt på og binde sælskind stramt og glat om livet, så bjørnens kløer ikke kunne få fat. Endnu en mand sprang gentagne gange hen foran bjørnen og prikkede til den med sin stok, så den brølede og kastede sig fremad imod ham. Han sprang hver gang adræt tilbage og undgik dens angreb, selvom mændene løsnede lænken lidt, så bjørnen kunne nærme sig den irriterende mand uden dog nogensinde at få kløerne i ham. På denne udmattende måde kom man rundt i alle husene.

Bjørnen trækkes rundt i huset og tirres, så den slår ud efter mændene.

Næste dag gennemførte man en lignende besøgsrunde, og mens bjørnene var ude, havde unge mænd skåret stokke af el eller røn, som de lagde på bjørnenes plads midt i huset. Alle der havde en kniv, også kvinder og piger, greb en stok og snittede eller høvlede lange tynde spåner af den, men skar dem ikke helt af. På den måde kom stokken til at se ud som en fjerprydelse eller lignende. Gilyakerne kalder sådanne stokke med spåner *nauws*; hos ainuerne kaldes de *inau*, og hos begge folk bruges de ved alle rituelle handlinger og man sætter dem som markering af hellige steder. Så snart stokkene var snittet færdige, bar man dem ud igen til brug den følgende dag, og kvinderne gik i gang med at tilberede en ekstra fin fiskeskindsgrød med hakkede grannåle.

Den følgende dag, dvs. 12. januar, gik man igen tur med bjørnene, og i hvert hus blev de fodret med den fine fiskeskindsgrød med gran. Udendørs afmærkede man med *nauws* en firkant som det sted, hvor bjørnene skulle dø. Inden for firkanten var der solide pæle, man kunne binde bjørnene til. Man tømrede også et lille hus på fire pæle (*läsng*), åbent fortil mod pladsen med pælene.

Netop denne dag, 12. januar, var lang og socialt intens. Midt i det hele afholdt man hundevæddeløb, en af de større sportsbegivenheder, hvor mænd kunne gøre sig heldigt bemærket ved at springe på en tom hundeslæde i rasende fart og undgå at falde af. Under det hektiske forløb trommede kvinderne.

Efter sportsbegivenheden, der ivrigt kommenteredes og efterfølgende diskuteredes, genoptog man bjørnenes besøgsrunde i husene. De blev beværtet med fiskeskindsgrød og is, og alle skulle helst deltage i fodringen, også små børn, nogle så små at de måtte hjælpes med at holde den lange ske. Om aftenen blev bjørnene ført ud af landsbyen til en længere runde på flod-isen, fulgt af mange drenge. Vejen ned ad skråningen til floden var vanskelig, især for den bageste kæde af bjørneførere, der både skulle holde igen og følge med. Opad gik det lettere. Under hele forløbet trommede kvinderne. Hver kvinde var udstyret med to knipler eller en knippel og en stok. Med dem slog de afvekslende med én eller begge på en bjælke, der hang fra et stativ, eller knippel mod knippel, evt. knippel mod stok.

I en pause var der leg og konkurrencer foran husene. Der skulle tydeligvis hele tiden ske noget, og alle skulle være med. Det gjaldt også bjørnene, som endnu engang måtte gennemføre en besøgsrunde til langt ud på natten. Der måtte ikke soves hele natten. Mændene fodrede og trak rundt med bjørnene, kvinderne tilberedte næste dags festlige måltider.

Tidligt næste morgen, 13. januar, var bjørnenes besøgsrunder slut, og de blev ført ud til det afmærkede sted og bundet til pælene. I bjørneværtens hus var alle budt til festmåltid, og man tog godt for sig af retterne. Mange af gæsterne gik også til andre huse og lod sig beværte der. Oven på måltidet var der, især for de yngre deltagere, lejlighed til at hvile sig og måske endda sove lidt i huset. Men en hundefodring og et mindre hundevæddeløb med de bedste hunde fra gårsdagens løb skabte på ny røre og social aktivitet.

Endelig samledes man på det afmærkede sted, hvor bjørnene stod bundet. Tre mænd bar særlige insignier: et lille grantræ uden grene, bortset fra de øverste, der var bøjet ind og bundet sammen mod toppen. Rundt om dette top-arrangement var viklet en slags pelskrave af egern- eller rævehale. De tre gik rundt om bjørnene inden for *nauws*-indhegningen flere gange og plantede til sidst deres granrafter foran hver sin bjørn. Nu skulle bjørnene løses fra pælene, men først måtte halsbånd og lænker endnu en gang efterses og eventuelt udbedres. Så blev de løst, og for sidste gang trak man af med dem, endnu en gang til den islagte flod, hvor man førte dem rundt om det hul i isen, hvor man plejede at hente vand, og til sidst tilbage til stedet med pælene. Ved indgangen gjorde man holdt, og nu kom en flok drenge til og skød små

Bjørnene lægges til rette på offerstedet på hver sit leje af *nauws.*

pile mod bjørnene. Udvalgte voksne skytter skød så på fem skridts afstand hver sin bjørn. De to faldt straks til jorden, den sidste måtte rammes med endnu en pil. Blodet dækkede man straks til med sne, for at træde i det ville være helligbrøde (*uïtsch*). Endelig blev bjørnene slæbt indenfor i *nauws*-indhegningen og lagt der hvor de før stod bundet, på et leje af *nauws*. Så fulgte flåning og udskæring, og til sidst blev bjørnehoveder og -skind arrangeret i det lille hus på pæle (*läsng*), vendt mod offerpladsen.

De tre bjørnehoveder med skind arrangeret i *läsng.*

Dermed var første halvdel af bjørnefesten til ende, og von Schrencks bjørnevært havde egentlig tænkt sig at vente ret længe med anden halvdel, men blev af en religiøs specialist rådet til ikke at opsætte det for længe.

Bjørnefestens anden halvdel tog da sin begyndelse 27. januar (7. februar), hvor von Schrenck ikke selv kunne være til stede. To andre medlemmer af ekspeditionen, von Ditmar og von Brevern, påtog sig at observere og beskrive festlighederne. De to bjørnehoveder med skind var forinden blevet hentet fra det lille hus på fire pæle (*läsng*) ved offerpladsen og bragt ind i huset gennem et vindue over for arnen. Da vinduet på ny var lukket til, anbragte man udvendig en lille stiliseret tudse, udskåret i birkebark. På bænken indenfor satte man en lille bjørnefigur klædt i fiskeskind, der skulle ligne gilyakernes sædvanlige dragt. Allerede om morgenen, da von Ditmar og von Brevern ankom, var bjørnehovederne ophængt i et træstativ midt i huset nær arnen, der hvor hundefodringsbordet ellers stod. Lige under hovederne var anbragt hver bjørns bækkenstykke og et par fisk. Bjørneskindene hang ned derfra i fuld længde, og stativet var pyntet med grankviste og høvlspånekrøller. På siderne hang også pelsstykker fra tidligere bjørne og fint udskårne skeer.

Så snart den obligate hundefodring var overstået, gik man i gang med at forberede festmåltidet af bjørnekød på arnen. Det var en ærefuld opgave for de ældste mænd, og hverken kvinder, piger, drenge eller unge mænd fik lov at være med. De gamle arbejdede langsom og højtideligt under omhyggelig iagttagelse af alle regler. Gryden blev fyldt med is

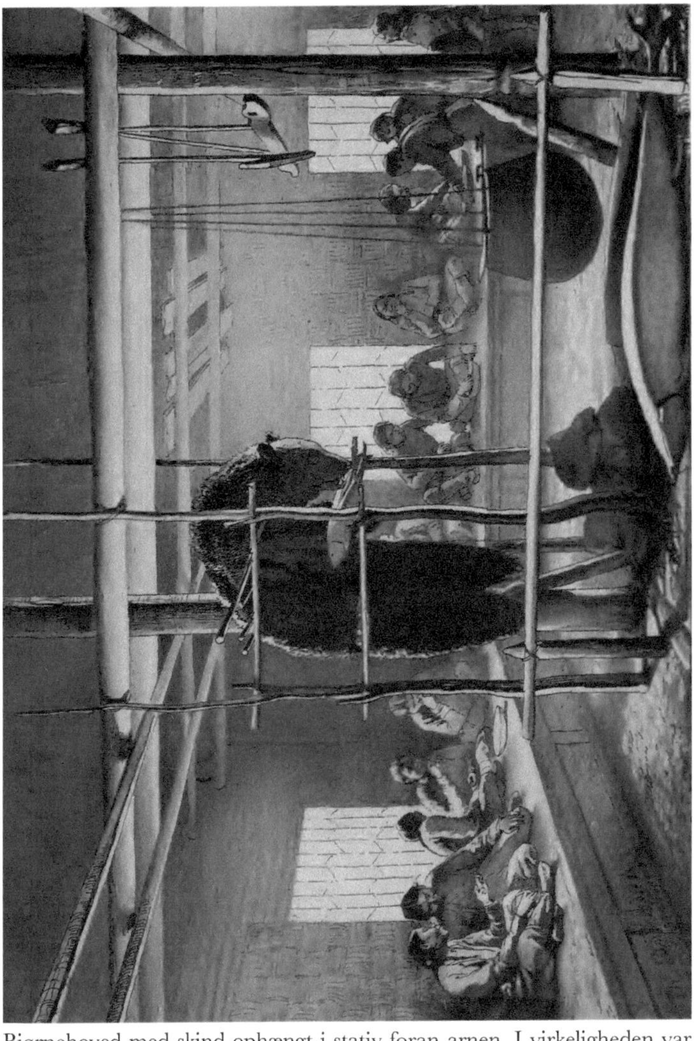

Bjørnehoved med skind ophængt i stativ foran arnen. I virkeligheden var der to bjørnehoveder med skind, men tegneren har forenklet billedet lidt.

– vand ville have været en rituel overtrædelse. Foran bjørnesnuderne anbragte man et trug, hvori der i den ene ende var udskåret en bjørn, i den anden en tudse. Heri lagde man de kogte stykker bjørnekød. Bjørnene skulle ligesom være de første til at spise af deres eget kød.

Den følgende dag (28. januar) fortsatte de gamle mænd med langsomt og højtideligt at udskære og koge kød. Fra gemmerne hentede man nu også de genstande, der skulle bruges ved måltidet, først og fremmest udskårne skeer. En gruppe mænd sad på gulvet og snittede nye skeer. Om eftermiddagen bar man store mængder bjørnekød fra forrådskamrene og lagde det på grankvistene foran bjørnene. Det skulle koges uden salt, og det var heller ikke tilladt at stege det. Lyden af stegning siges at mishage bjørnene. Bjørnesuppen blev hældt op i skåle og drukket, men kødet blev lagt i truget lige foran bjørnene. Om aftenen lagde man i truget yderligere seks store stører som et offer til bjørnene og til at spise ved det forestående festmåltid.

Næste dag (29. januar) genoptog de gamle mænd det langsomme og omhyggelige arbejde ved arnen foran bjørnene. Yngre folk skaffede brænde og tyttebær fra et depot i skoven. Der skulle også fodres hunde omtrent som vanligt, men 14 af hundene fik først mad efter at have løbet en særlig festrunde med en pyntet slæde på den isdækkede flod. Imens nød menneskene bjørnesuppen. Om eftermiddagen skar de gamle bjørnespæk i strimler og ophængte dem foran bjørnehovederne, pyntet med gran og høvlspånekrøller. Først da det var helt mørkt lagde man strimlerne i et trug på gulvet foran bjørnene. Samtidig begyndte unge mænd at udskære størerne og i baggrunden tog kvinderne fat med tilberedelsen af en række retter – nu på den vante, raske og effektive måde.

Den følgende morgen (30. januar) anbragtes et udvalg af de tilberedte retter i birkebarkskåle på bjørnestativet. En gammel mand satte sig foran bjørnene og spiste lidt af den friske fiskeskindsgrød. Efter hundefodringen gennemførtes endnu en æresrunde med hundene. Inde i huset blev bjørnespækstrimler endnu en gang hængt på stativet, der blev røget med gran, og bjørneindvolde anbragtes i bjørneskåle.

Både spæk og indvolde skulle nydes råt. Kvinderne satte sig i et hjørne hos en gammel morlil for at sy *tschudbas*, snudebind til bjørnehovederne. Ved solnedgang fik bjørnene bindene om snuden, påhæftet en lille tudse, udskåret i birkebark, omtrent som den der blev anbragt på vinduet. Tudsen er ifølge von Schrenck et dyr som gilyakerne anser for fuldt af onde egenskaber, og han tolker derfor de små tudsefigurer som en markering af at tudsen er skyld i bjørnenes lidelser og død. Han tillægger gilyakerne den opfattelse, at mens de selv har gjort bjørnene alt muligt godt, æret dem som gæster, bespist dem og underholdt dem og til sidst tørret deres tårer, så er det tudsens skyld, at de måtte dø.

Gilyakernes opfattelse af deres egen rolle er uden tvivl rigtigt forstået, men at tudsen skulle være et ondt dyr og en syndebuk synes at bero på en misforståelse. Senere etnografi har belyst tudsen som en stærk amulet, der har positiv betydning for bjørnene, når de efter døden skal vende tilbage til skovens herre.[30]

Bjørnehovederne blev smykket med endnu et bind, et flettet bånd behængt med store agat-kugler. De sidstnævnte forstår von Schrenck som en markering af at bjørnene er guddomme. Det kan være rigtigt, for hos ainuerne på den japanske ø Hokkaido udnævnes bjørnefestens bjørn udtrykkelig til et guddommeligt væsen.[31] Men von Schrenck har ingen ritualtekst at bygge på, kun en ide om påvirkning fra kinesisk buddhisme, hvor gudefigurer bærer lignende agat-smykker.

Efter disse forberedelser begyndte det egentlige festmåltid. Der blev bragt masser af træskåle ind i huset og anbragt rundt om bjørnene, og alle bænkede sig. Gæsterne fik rakt stykker af frossen stør på en snesko, og mens de spiste

---

[30] Paproth 1976: 303

[31] Batchelor 1927: 206-211; på dansk i SFR 63-67.

disse forretter eller appetitvækkere blev skålen fyldt op med en grød af kogte bønner i tran med hakkede løg. Der måtte endnu ikke spises bjørnekød!

Først den følgende dag, 31. januar, skar man bjørnekød og bjørnespæk ud foran bjørnene. Tidligt på formiddagen strømmede gæsterne ind og fik plads på æresbænken bag bjørnene. Serveringen var, sammenlignet med flere af de foregående måltider, påfaldende uformel. Hver gæst fik en grankvist med stykker af råt og kogt bjørnekød og spæk, pyntet med de velkendte høvlspånekrøller. Det var første gang, der spistes bjørnekød. Portionerne var store, og også kvinder og børn spiste med. Unge folk gik rundt med særlige skåle, hvori gæsterne kunne lægge rester og bidrag til fordeling blandt kvinder og børn. Rester kunne også pakkes ind i høvlspåner og gran og tages med hjem, men afgnavede knogler blev lagt tilbage i gryden. Da gæsterne skulle gå, stillede en gammel mand sig ved døren og tildelte hver gæst, der forlod huset, et let slag med en grankvist – måske, som von Schrenck foreslår, som en symbolsk eller rituel straf for bjørnedrabet. Udenfor ventede der gæsterne endnu en lidt spøgefuld straf i form af et bombardement med snebolde, som drengene morede sig med at kaste efter dem.

Efter måltidet blev der lagt mad, men ikke bjørnekød, ud til forbipasserende i små bunker. Kort før middag var der hundefodring og igen hundeløb. Om eftermiddagen hørtes intense trommerytmer, og nu optrådte kvinderne med dans. En ad gangen dansede de en akrobatisk dans med grankviste eller en slags kastagnetter i hænderne. Under hele festen, der fortsatte med måltider så længe der var bjørnekød, drak Amur-gilyakerne ikke alkohol. Men fra gilyakerne på øen Sakhalin rapporterer Sternberg (1904: 269-270), at der under måltidet blev drukket rigelig snaps, og det var her ligefrem en

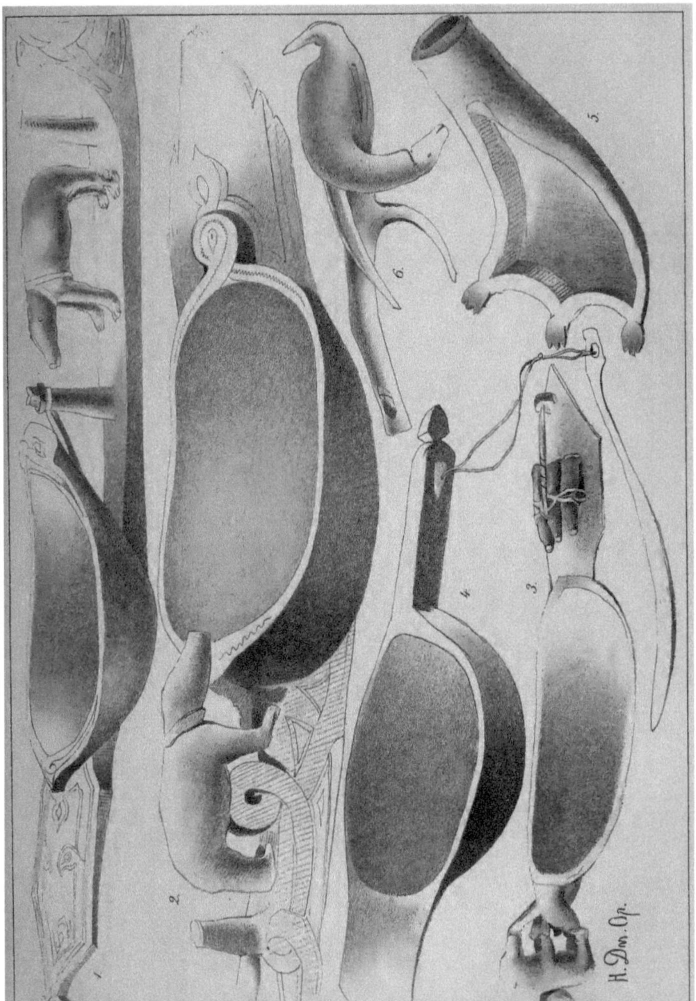

Skåle (1-4) og andet udstyr til brug ved Bjørnefestens store fællesmåltid. De udskårne bjørnefigurer viser rituelt, at gæsten der spiser af skålene, spiser sammen med den bjørn, hvis kød og spæk er i skålene.

ære for værten, at gæsterne blev både forædte og stærkt berusede.

Beskrivelsen af bjørnefesten hos von Schrenck er minutiøs og giver et godt indtryk af det helt konkrete forløb.

Den viser også, hvordan det der sker med bjørnene indgår i et intensiveret, til tider hektisk, socialt liv med lege, sport, besøg og fælles måltider. Men den har en alvorlig mangel: forfatteren har ikke dokumenteret fremsagte ritualtekster eller skaffet sig nøjere kundskaber om de enkelte rituelle elementers betydning. Fx ser det ud til, at han fortolker tudsen mere eller mindre på fri hånd. Det skyldes sandsynligvis manglende sprogkundskaber. Han har fået oplyst navne på konkrete genstande, fx *nauws* og *läsng*, men refererer ikke til udsagn. I sin beskrivelse af gilyakerne på *Sakhalin* gengiver Sternberg (1904: 265) fx hvad værten siger til bjørnen kort før den dræbes:

Lev vel! Nu fodrer jeg dig for sidste gang. Gå da pænt til din herre. Gid din herre må få dig meget kær!

Det er nærmest utænkeligt, at der ikke har været i det mindste sådanne korte, rituelle udsagn hos Amur-gilyakerne, men von Schrenck holder sig altså til den helt konkrete beskrivelse af handlinger og genstande.

Men selv i den kan vi sagtens se, at hvis gilyakerne havde haft en spidsfindig vedadigter til disposition, så havde han med fuld ret kunne sige: "Med offeret ofrede gilyakerne til offeret." Alt i denne fest er jo centreret om bjørnene: dem fodrer man, og det er vigtigt at alle er med; dem får man besøg af i alle huse, og de er så vidt muligt med i den leg og festlighed, der foregår. Men samtidig demonstreres det hele vejen igennem, at de er farlige vilddyr. Så dræbes de, men i form af hoved og skind på bjørnestativet er de stadig til stede, midt i huset og midt i festen. De fodres rituelt, og en udvalgt gammel mand spiser af den mad, der er øst op til dem, som en forsmag på det fællesmåltid med (og på) bjørnene, som følger. Bortset fra suppen er bjørnene selv de første, der serveres bjørnekød for. De får altså, foruden mange andre lækre sager, sig selv at spise, og også for deltagerne er deres kød hovedmåltidet.

Hos ainuerne udnævnes bjørnen til guddommelig, og festen går under navnet *iomante,* 'hjemsendelse' og gælder netop som bjørnens tilbagevenden til de andre bjørneguder.[32] Her bliver den ligesom ainuernes repræsentant hos guderne, hvor den på kultpladsen var gudernes repræsentant hos ainuerne. Måske knyttede Amur-gilyakerne lignende forestillinger til deres bjørnefest. Det får vi ikke at vide hos von Schrenck, men offertankens cirkulære logik fremgår tydeligt af den rene konkrete handlingsbeskrivelse: Bjørnene gøres med stor grundighed til repræsentanter for hele det lille samfund, dets fællesskab og livsverden. De betegner det hele ligesom indernes Purusha og ægypternes Maat – og når gilyakerne ofrer til dem og selv spiser af dem og sammen med dem, så holder de gang i den stadige fornyelse af livet og af naturens og det lille samfunds orden.

---

[32] Batchelor 1927: 206-211; på dansk i SFR 63-67.

Offer og måltid

I bjørnefesten er fællesmåltidets rolle meget tydelig. Det er simpelthen måltidet, der spreder og fuldbyrder den velsignelse og fornyelse, der skyldes offeret. Men sammenhængen mellem den basale offerhandling og fællesmåltidet er ikke alle steder lige stærk, og den kan komme til udtryk på vidt forskellige måder. Hos Amur-gilyakerne var kontinuiteten helt klar, men man tillod sig på den anden side en pause på næsten to uger mellem offeret og måltidet. Hos gilyakerne på øen Sakhalin og hos ainuerne på Hokkaido var festen ét sammenhængende forløb. Endnu større variation finder vi, hvis vi inddrager stof fra helt andre kulturer, men en fællesnævner er dog, at måltidet ligesom udmønter det, der er opnået ved offeret og lader flere få del i det. Igen kan vi tage udgangspunkt i en tekst fra den kinesiske klassiker Shijing. Måske gik et større offer forud, men i teksten er måltidet også i sig selv et offer, der anskues som et *konvivium* (fælles måltid) med fyrsteslægtens afdøde forfædre. Det var ligefrem skik at udpege en ung mand af slægten til forfædrenes repræsentant, der spiste og talte på deres vegne. I europæiske oversættelser kan han kaldes 'the impersonator of the Ancient', 'the dead one' eller 'der Totenknabe.'

Vi er berusede af vinen,
vi er mættede med hellig kraft.
Gid du vor fyrste må leve i titusind år,
gid du må forøge din rige velstand.

Vi er berusede af vinen,
dine kødretter har været frembårne.
Gid du vor fyrste må leve i titusind år,
stadig forøgende din lyse kraft.

Gid din lyse kraft må udbrede sig,
og din høje glans vare til et lykkeligt endeligt.

Det lykkelige endeligt går tilbage til en lykkelig begyndelse.
De fyrstelige forfædres stedfortræder fremsætter en frydefuld erklæring.

Hvad går hans erklæring ud på?
Jeres fade og tallerkener er rene og pure.
Jeres venner får en god opvartning,
de opvartes med værdig anstand.

Den værdige anstand er som den skal være,
du vor fyrste har pietetsfulde sønner.
Pietetsfulde sønner skal det aldrig skorte på,
Til evig tid skal gode gaver gives dig.

Hvad er det for gode gaver?
Mange huse forbundet med stier.
Gid du vor fyrste må leve i titusind år,
til evig tid skal gives dig en velsignet arv.

Hvori består denne arv?
Himlen vil belæsse dig med gaver.
Du vor fyrste skal leve i titusinde år,
Modtage det store ombud (*ming*)
og mange undergivne.

Og hvem er disse undergivne?
Piger og svende vil Himlen give dig.
De piger og svende som Himlen giver dig,
skal efterfølges af børn og børnebørn …[33]

Som mange andre ritualtekster er denne sang en parafrase til den rituelle handling, der munder ud i ønsker og forsikringer om de velsignelser, der afledes af offeret. Som allerede nævnt falder offer og måltid her sammen, og deltagernes beruselse tages som et vidnesbyrd om den energi, der nu er virksom, og som også vil sikre offerherren, den regerende fyrste, et langt liv og mange velsignelser.

---

[33] Shijing 247, oversat af Søren Egerod (1987: 43-44) Originaltekst og ordret oversættelse i Karlgren 1950: 203-4

Disse velsignelser må naturligvis komme fra forfædrene, og de får derfor først for alvor rituel substans i forfædrerepræsentantens erklæring. Det drejer sig om almen trivsel og vækst, fyrstens ære og velgående og slægternes talstærke videreførelse. Det bemærkelsesværdige er at erklæringen tager udgangspunkt i at offerhandlingen lykkedes: alt gik som det skulle, med perfekt renhed, orden og anstand. Det er et træk, vi også kender fra andre kulturer: Ritualer skal udføres præcis som foreskrevet og helst i et elegant, flydende forløb. Når det lykkes, varsler det alt muligt godt for fremtiden; men fejl og kluntede afbrydelser kan ligefrem gøre det nødvendigt at udføre ritualet på ny.

Her er det altså den rituelle omhu og dramatiseringen af forfædrenes deltagelse, der ligesom oparbejder hellige kvaliteter i offermaterialet, som jo samtidig er måltidet. Og det er lige så klart måltidsfællesskabet, der spreder velsignelsen til hele den kreds, der samles om offerherren.

Også i det gamle **Indien** var der festlige måltider, der fulgte op på de vediske ofre og gav en større kreds del i velsignelsen. Men den præstelige tradition har frem for alt lagt vægt på selve offeret, og til måltiderne har vi ikke et stort materiale af vedahymner eller brahmanaer.[34] Men en slags undtagelse udgør dog *somaofferet,* der efterfulgtes af et drikkelag. Somaofferet bestod i presning af somastængler (med sten på et underlag af brædder dækket med kohud), og ved den lejlighed brugte man hymner til guden Indra som fx Rigveda I, 32 og II, 12. Når somastænglerne knustes, blev det i hymnerne til Indras heltemodige drab på den vældige slange *Vritra,* en slags tørkedæmon, der i urtiden spærrede for flodernes vand. Det var slangens krop, der blev forvandlet til

[34] Cf. Heesterman 1993: 190

den guddommelige og velsignelsesrige drik *soma.*[35] Det vides ikke, om somadrikken var en alkoholisk drik af plantesaft eller muligvis et euforiserende udtræk af svampe, men under alle omstændigheder var det en rusdrik, man ærede og tiltalte som en gud. Hele Rigvedas niende bog består af 114 forskellige hymner til *Soma pavamāna,* 'den selvrensende Soma'. De var til brug under filtreringen af drikken i en fårepels, hvor plantedelene blev siddende. Men i Rigvedas ottende bog er der en enkelt Somahymne (VIII, 48) til brug i drikkelaget. Den er rettet til guden Soma eller 'kong Soma', men også til *Indu,* 'Dråben', dvs. den fysiske drik. I denne berømte hymne hedder det bl.a.:

3) Vi har drukket Soma; vi er blevet udødelige; vi er kommet til lyset; vi har fundet guderne. Hvad kan nu fjendskab gøre os, og de dødeliges ondskab, Du udødelige! ....

7) Vi tager del i Dig, presset med fromt sind, som i fædrene rigdom. Kong Soma, forlæng vort liv som solen forårsdagene. ....

9) Du er vort legems beskytter, Soma; i hvert lem har Du nedladt Dig som mændenes iagttager. Hvis vi krænker Dine bud, så vær os nådig som en ven til større rigdom, Du Gud! ....

11) Svaghed er på flugt; sygdom er skræmt bort; mørkets magter har tabt modet. Soma er gået ind i os med fuld kraft; vi er kommet til det punkt, hvor livet forlænges.
12) Den dråbe, I fædre, som er drukket i vort hjærte, som udødelig indgik i de dødelige, den Soma vil vi dyrke med offer; lad os bero i hans mildhed og velvilje.
13) Du, Soma, har, forenet med fædrene, udbredt dig over himmel og jord; som sådan, Indu, vil vi dyrke dig med offer; lad os være herrer over rigdomme..... [36]

---

[35] Cf. Buschardt 1945; her er Rigveda I, 32 oversat til dansk (p. 131-132).
[36] RgV. VIII, 48, oversat af PoulTuxen i Fenger 1919: 49-50. De gengivne strofer stemmer i alt væsentligt overens med den nyeste oversættelse: Jamison & Brereton 2017: II,1128-30.

Her fremgår det tydeligt, at drikkelaget giver del i den velsignelse, der er oparbejdet ved offeret; det nævnes konkret som den kultiske presning i strofe 7. Det er offerets *kosmonomi*, der så at lige downloades i hver eneste legemsdel ved somadrikningen (strofe 9). Det er beskyttelse mod fjender, sygdom og ondskab, men også livsfornyelse og et moralsk kompas. Soma er 'mændenes iagttager', som det hedder i strofe 9, dvs. én, der holder øje med deres handlinger. Soma har også, hedder det i strofe 13, udbredt sig over himmel og jord: Offerets *kosmonomi*, hele den verdensorden, som også forfædrene stod for, har ved offerhandlingen og den efterfølgende somadrikning på ny bredt sig som ringe i vandet.

Både i det kinesiske eksempel og i somadrikkelaget er forbindelsen mellem offer og måltid klar og tæt: Det, der ofres, og det, der indtages, er simpelthen samme substans. Men sammenhængen mellem offer og måltid kan også være ganske løs og indirekte, eller den kan blive noget rent principielt. I det gamle Ægypten var tempelkultens ofre, som vi har set, et anliggende for kongen, dvs. i praksis de præster, der repræsenterede ham i landets mange templer. Men i gravene kunne de døde forfædre også i en slags måltid få del i tempelkultens velsignelser. Det var principielt, hvad der skete, når man fremsagde den ægyptiske offerformel eller havde den skrevet med hieroglyffer i sin grav eller i sin sarkofag. Den er nem at genkende:

 eller, skrevet fra højre mod venstre: 

Den læses *ḥtp dj nsw* … 'et offer som kongen giver …' eller måske snarere *dj nsw ḥtp* … 'må kongen lade (fx Anubis) være nådig …' I begge tilfælde er offertanken vigtig, for når kongen gør guder nådige, er det netop ved at ofre til dem – og uanset

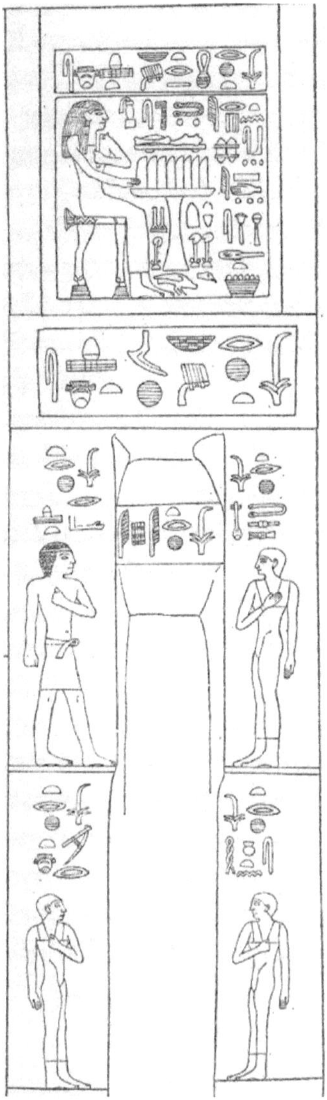

Skindør fra embedsmanden Uhemkas grav: Det er hans hustru Hotepibes, der ses ved offerbordet øverst. På dørkarmen deres børn. (Roemer- und Pelizäus-Museum, Hildesheim)

hvordan vi forstår formlen, så henviser den til kongens rolle som (i princippet) de egyptiske guders eneste præst. Og den udtaler det fromme ønske, at kongen må dyrke guderne med ofre, som den døde så kan få del i.

Langt op i tiden var egypterne tilbageholdende med at anbringe egentlige ritualtekster i ikke-kongelige grave, for det var jo kongen, der var ritualernes herre. Men lige fra den ældste tid var der en offertjeneste for de døde, og de fornemmes grave var udstyret med et kultkammer eller en kultniche, hvor den døde var repræsenteret ved en såkaldt skindør eller falsk dør eller ved en stele (en stentavle, ofte rund foroven). Skindøren var af massiv sten, men udformet i lighed med en lille åben dør med en oprullet måtte øverst. Her var der en symbolsk tilgang til den døde og for den døde en symbolsk åbning til de levendes verden – og her kunne man kalde den døde frem til offermåltidet. På stelen eller skindøren var den døde netop afbildet ved sit offerbord, hvor han eller hun modtager brød, øl, fjerkræ, oksekød, grøntsager, blomster og andet godt.

En stele fra det ægyptiske Mellemste Rige (2040-1783 f.v.t.) illustrerer hvordan en bredere kreds kunne få del i velsignelserne fra den kongelige offerkult. Stelen har hørt til embedsmanden Senusrets grav, og han har på sit gravmonument ikke kun tænkt på sig selv, men også på sin far, ja faktisk på hele sin familie. De to er afbildet midt på stelen, tronende ved et rigt dækket offerbord, faderen til højre med sine to hustruer. Det er Senusrets mor ved hans fødder. Til venstre sidder Senusret med sin hustru og to sønner. Over dem står offerformlen:

> Må kongen lade Osiris (...) og Anubis (...) være nådige, så at de giver påkaldelsesoffer: brød, øl, oksekød, fjerkræ, alabast og klæde, alle slags grønsager og alle slags drikofre, alt sammen friske og rene varer til hovmester Senusrets *ka*, til hans far, hovmester Amenis *ka*, til hans mor, Sat-tekhs *ka* og til *ka*en af alle, hvis navne står på denne stele.

Stele fra Mellemste Rige (2040-1783 f.v.t.) for embedsmanden Senusret og hans far Ameni. (Rijksmuseum van Oudheden, Leiden)

Det er slet ikke så få, for nederst på stelen ses hele 19 navngivne personer på besøg hos de to ærværdige hovmestre. Der var i årets løb flere fester, hvor familierne tog ud til deres grave og holdt fælles måltid med forfædrene. Det var jo fra dem, slægtens liv stammede, og efter ægyptisk opfattelse blev det ved med at strømme ud fra forfædrene i deres grave. De var også kilden til fremtidige generationer. Derfor var der god mening i at komme til fest og fællesmåltid ved gravene, hvor levendes og dødes *ka*er, dvs. livssjæle eller livsenergi, sammen fik del i den cirkulation af liv, som de kongelige ofre havde sat i gang.

Bedst kender vi en sådan fest fra Ny Riges tid (1550-1070 f.v.t.) i Theben. Ved denne såkaldte *dalfest* blev guden Amon båret i procession til ørkendalen i det vestlige Theben-område, hvor gravene lå. Det var også en officiel og kongelig begivenhed, hvor Amon modtog rige ofre, og hvor velsignelsen derfra kunne spredes til levende og døde ved fællesmåltider. Ude ved gravene sad familierne principielt til bords med deres forfædre, deres konge, og i sidste instans rigsguden Amon.[37]

Det græske køkken

Offeret og ikke mindst offermåltidet i det klassiske Grækenland har spillet en stor rolle i nyere religionshistoriske diskussioner af muligheden for at opstille en generel offerteori. Blandt andre Hubert og Mauss havde jo i høj grad taget udgangspunkt i klassisk indisk og jødisk tradition, dvs. i kildemateriale, der var produceret af et højt specialiseret og omfattende præsteskab. I studiet af klassisk græsk religion er kildesituationen en helt anden. Der er skildringer af ofre især i Iliaden og Odysseen, og der findes myter der er relevante for forståelsen af den græske offerpraksis, men ikke en præstelig litteratur som i Indien og i jødedommen, og heller ikke lange ritualtekster som i Ægypten. Den klassiske græske

[37] Schott 1953, især 91-92

offerforståelse synes slet ikke at have haft de kosmiske og universelle dimensioner, som lader sig fremanalysere af de store skrifttraditioner.

Især to forskere, Marcel Detienne og Jean-Pierre Vernant, søgte meget bevidst en alternativ forståelse af det græske offer. Vernant (1981) vendte sig helt generelt mod tanken om en generel offerteori, især fordi det græske *thysia* (det nærmeste man kan komme et græsk ord for offer) er så forskelligt fra de traditioner, der ellers har leveret materiale til offerteorier. I den antologi om det græske offer, de sammen udgav, retter Detienne en skarpsindig, i det mindste delvis berettiget kritik mod tidligere offerteorier.[38]

Hubert og Mauss gik i deres offerteori videre end det helt abstrakte skema, vi allerede har benyttet os af. De lagde også vægt på det element af afkald, der mange steder indgår i offertanken, og de inddrog nogle af Robertson Smiths (1894) tanker om *kommunionsofferet*, hvor fællesskabet bekræfter sig selv ved sammen at spise af (og sammen med) guden. Det passede perfekt ind i den Durkheim'ske teori om religion og samfund, som de var fortalere for, og Detienne påpegede nu, at deres offerteori derved blev en slags sociologisk variant af kristen nadverteologi. I virkeligheden, mener Detienne, ligger en opfattelse af det kristne nadverritual uudtalt til grund for alle såkaldt generelle offerteorier.[39] Kritikken rammer nok mere W. Robertson Smith (1894), der (på et spinkelt kildegrundlag, men suppleret med talrige komparative udflugter) mente at have udforsket den oprindelige 'semitiske' religion, hvor et kommunionsoffer var det helt centrale. Et

[38] Detienne & Vernant 1979: 24-35

[39] Sidenhen har F.S. Naiden (2013) i sin vigtige og meget udførlige bog om det græske offer beskyldt også Detienne og Vernant for, i forlængelse af Durkheim, at have den kristne nadver som en skjult skabelon i deres teoridannelse. Han overser helt deres strukturalistiske tilgang, og kritikken forekommer ikke rimelig.

kommunionsoffer forstår man netop som et offer, hvor fællesskabet bekræfter sig selv ved i forening at spise af offeret, der også repræsenterer guddommen. På den måde var der ligesom tilrettelagt et hat-trick, hvor det kristne nadverritual kunne fremstå som en videreudvikling af ældgammel 'semitisk' religion. Den rammer vel også filosoffer som Ernst Cassirer og Réné Girard, men Hubert og Mauss var jo anderledes bevidste om at begreber og teorier er midler til at håndtere og analysere religionshistoriens stof, ikke en oprindelig eller bagvedliggende virkelighed. Man må også sige, at en virkelig generel teori om offer – forstået som et ritual, der er centreret om et materiale, som i en eller anden forstand forbruges – også må forventes at kunne anvendes på kristne kirkers nadverritualer.

Men den skulle jo rigtignok også gerne kunne anvendes på offeret i det klassiske Grækenland. Som Vernant (1991) påpeger, har offeret her slet ikke det kosmiske og universelle præg, som kendes fx fra det klassiske Indien. Den centrale myte om det græske offer, som Hesiod[40] gengiver, skildrer det første offer, indstiftelsen af alle senere ofre, som den begivenhed, der for alvor adskilte guder og mennesker som udødelige og dødelige. Prometheus var betroet opgaven at arrangere det hele. Først skulle guderne vælge deres del af offeret, og da Prometheus gerne ville, at den mest proteinrige del skulle tilfalde menneskene, omviklede han dyrets knogler med lækkert fedt og pakkede det reelle kød ind i maven og andre hinder. Listen lykkedes; guderne valgte de fedt-omviklede knogler, og de har sidenhen aldrig fået andet af offeret end den herlige duft af branket fedt. Menneskene, derimod, kan ved alle ofre frådse i kød. Men også et andet og langt mere fundamentalt forhold blev grundlagt ved den lejlighed: Menneskene fødes sultne og må hele tiden, i deres

---

40 *Theogonien* 535-616

ansigts sved, skaffe sig føden. Men de udødelige guder har ikke den slags næringssorger; de sniffer lidt stegeos ved højtidelige lejligheder, men lever ellers evigt ubesværet.[41]

På en vis måde betegner det græske slagtoffer altså adskillelsen mellem guder og mennesker. Det kan synes meget forskelligt fra fx det indiske hesteoffer, hvor hesten betegner hele verden, eller det ægyptiske Maatoffer, der betegner hele verdens DNA. Men som Vernant (1982) selv viser, fremstiller Prometheusmyten en taksionomi, en rangorden af guder, mænd, kvinder, dyr. Når de fuldgyldige borgere i en græsk *polis* samledes om masser af reelt kød fra et offer, betød det altså omtrent: Vi er mændene (dvs. de respektable borgere), ikke guderne, ikke kvinderne, ikke dyrene. Så selv om den græske Prometheusmyte handler om guders og menneskers tragiske adskillelse, så gør den stadig offermåltidet til et omdrejningspunkt, hvori den bestående orden fornyes. Netop adskillelsen, der har givet mændene deres dyrebare stilling som fuldborgere, er ritualets *kosmonomi*. Den kommer til udtryk i den måde, man behandler knogler, fedt og kød på og ikke mindst i at kvinderne ikke deltager i fællesmåltidet.

Men hvad med selve slagtningen, drabet på et offerdyr? Vernant (1991) påpeger selv at ordet *thysia*, det mest almindelige ord for offer på græsk, faktisk betyder drab, og andre har argumenteret for at selve den ret drastiske fysiske handling at slå et stort dyr ihjel må have haft betydning i den græske forståelse af offeret.[42] Med sin strukturalistiske tilgang nøjedes Vernant (1991) med at vise, at grækerne anskuede drabet som ambivalent: På den ene side foregår det lige i civilisationens centrum, mellem en højtidelig procession og et

---

[41] Om Vernants mytetolkning i min *Komparativ religionshistorie*, 55-59, cf. Vernant 1982: 168-185; bredere om offeret på dansk i Vernant 1992: 55-69

[42] En instruktiv og skarpsindig diskussion af spørgsmålet finder man i Thomassen 2004.

officielt festmåltid for byens bedste mænd. På den anden side er det et drab, oven i købet på et af civilisationens dyr; det kunne indebære skyld og skam, men sker altså her med statsautorisation. En myte fortæller, at det første oksedrab blev begået i raseri af en indvandrer uden borgerret. Fuld af skam flygtede han fra byen, men derefter var byen forfulgt af tørke og misvækst. Man valgte så at tage manden tilbage og give ham borgerret, og hvert år at gentage oksedrabet som en legitim fælles og offentlig handling. Med denne tolkning anerkender Vernant faktisk drabets helt centrale betydning i det græske offer; det er ikke kun 'det græske køkken', men det får hele sin energi fra en vild handling: et drab, begået midt i civilisationens hjerte.

Ambivalens og tvetydighed kender vi faktisk som rituelle virkemidler verden over. For at et ritual skal kunne forny eller ændre verden må det ligesom fremmane en situation hvor tingene er sat på spil eller risikeret. Det kan være et nulpunkt, hvor modsætninger udligner hinanden, en kritisk eller ligefrem farlig situation, hvor det kan gå begge veje, ofte med en demonstration af risiko og sårbarhed.[43] Vi kan i høj grad anskueliggøre Vernants tolkning af de relativt sparsomme græske kilder i en sammenligning med gilyakernes bjørnefest. Også der er der tale om et udbrud af vildskab midt i civilisationens hjerte. Bjørnen er med i det hele: sport, leg og selskabelighed, og alle, selv de mindste, skal fodre bjørnen med lange, kunstfærdigt udskårne skeer. Den besøger alle husene og kommer ind midt blandt folk, men også dens vildskab demonstreres: den tirres, så den slår ud efter folk og bliver reelt farlig midt i selskabet. Til sidst dræbes den og bliver en del af det gilyakiske køkken, endda en, der spiser med. Og både i det græske og det gilyakiske køkken er

---

[43] Cf. Podemann Sørensen 2001 og 2018

ambivalens og risiko centreret om offerdyret. Det repræsenterer nulpunktet, men også den orden, der skal fornyes.

Nadver i kirken / Eucharistien

En væsentlig grund til den europæiske religionsforsknings store interesse for offeret er uden tvivl at de kristne kirker som en del af deres regelmæssige kult har et vigtigt ritual, et sakramente, som i mange år af kirkerne selv er blevet forstået som et offer: Nadveren eller eucharistien. Siden reformationstiden, hvor de lutherske og reformerte kirker skilte sig ud fra romerkirken, har dette rituel været emne for mange teologiske stridigheder, også internt i kirkerne, og den rituelle praksis er heller ikke helt ens i alle kirker. Vi kan ikke her fordybe os i alle disse forskelligheder, men fælles tradition er at der i forbindelse med gudstjenesten inviteres til et rituelt måltid, en kultisk gentagelse af Jesu sidste måltid med sin disciple.[44] Der indgår brød, som kan kaldes *oblater* (latin: 'de ofrede') eller i katolsk tradition *hostier* (latin: 'offerdyr'). Brødet udnævnes rituelt til Kristi legeme, og vin, som også indgår, udnævnes til Kristi blod. I Johannesevangeliets første kapitel kalder Johannes Døberen Jesus for 'Guds lam, som bærer verdens synd.' Det har man oftest forstået sådan, at ligesom ofring af et lam traditionelt gjaldt som en fornyelse eller genoprettelse af gudsforholdet, sådan skulle Jesus ved sin død på korset ophæve 'verdens synd', dvs. alt hvad der havde fjernet verden fra gud. I forlængelse af denne tanke synger man i mange kirker salmen *Agnus Dei* eller 'O du Guds Lam' som indgang til nadveren. Det sidste vers lyder:

---

[44] Lukasevangeliet 22, 7-23; dele af denne tekst indgår i mange kirkers nadverritual. Kortere skildringer i Matthæusevangeliet 26, 26-29 og i Marcusevangeliet 14, 22-25

O du Guds Lam!
med korsets skam,
du bar al verdens synder,
derfra vort liv begynder:
vor død til trods
opliv du os!

Nogle har dog fundet denne formulering som en traditionel offertanke et nummer for stærk. Fx i den danske folkekirke kan præsten i stedet vælge en anden tekst, der mere abstrakt taler om 'livets brød' og om forening med Kristus uden at nævne noget offerdyr. De allerfleste kirker er enige om at brødet og vinen stammer fra Kristus og repræsenterer ham, og at måltidet betegner og befæster samhørigheden med ham. Men de er ikke enige om hvorvidt det der indtages ved måltidet, altså brødet og vinen, er samme substans som den korsfæstede Kristus. Sådanne uenigheder kan vi tage os let, for komparative studier har lært os, at man i ritualer udnævner ting og personer til alt muligt universelt og betydningsfuldt, for at de skal virke sådan i ritualet. I den indiske Brahmana-litteratur har vi set, hvordan man fuldstændig hæmningsløst hæver hver eneste lille rituel detalje til kosmiske og universelle dimensioner. Her gøres offermaterialet til altings omdrejningspunkt: det indeholder *kosmonomien*, men eksekverer den også og lader den sprede sig som ringe i vandet. Den samme dynamik har vi fundet udtrykt i det ægyptiske Maat-offer, hvor *maat* både er offermaterialet, kosmonomien, skabergudens særlige evne og den nyskabte verden.

Et meget anderledes udtryk for denne cirkulære dynamik har vi set i bjørnefesten, hvor bjørnen både kommer til at betegne lokalsamfundets orden og sociale liv og den rituelle krise og tvetydighed, der fornyer det selvsamme liv og fællesskab. Bjørnen spiser af sig selv og menneskene spiser af bjørnen, men også sammen med bjørnen; der er bjørn i alle processens led, og offermaterialet er også her samlingspunkt for et helt verdensbillede.

Kristne kirkers nadverritual kan på flere tilsvarende måder arrangere hele verdensprocessen og samfundsordenen omkring brødet og vinen. Et godt eksempel er en tysk altertavle fra kort før 1450 med en såkaldt *hostiemølle*.

Altertavle med hostiemølle fra St. Thomaskirken i Tribsees (nær Stralsund). Der er også to sidefløje med billeder af Jesu lidelseshistorie, korsfæstelsen og til sidst opstandelsen – o. 1440.

Øverst i midten mellem sol og måne troner Gud, tilbedt af engle. Til venstre ses Adam og Eva i Helvedes gab, et stærkt udtryk for arvesynden som et menneskeligt vilkår. I det tilsvarende felt til højre ses så Marias bebudelse, dvs den begivenhed, hvor engelen Gabriel meddeler Maria, at hun skal føde Guds søn. I de to yderfelter derunder står de tolv apostle og åbner sluserne for de fire paradisfloder. Vandet derfra driver vandmøllen i midten, og i midterfeltet er de fire evangelister[45] i færd med at hælde Guds ord i møllen. Guds ord (*logos*) er jo både bibelens tekst og Guds verdensorden, *kosmonomien,* om man vil. Men Ordet er også Kristus; i Johannesevangeliets berømte indledning hedder det, at Ordet var hos Gud eller ligefrem var Gud, og lidt senere at Ordet blev kød og tog bolig iblandt os. Ordet må da forstås som skabelsens hele rationale, verdensfornuften, der ved Kristi fødsel kommer til verden på ny.

På altertavlen fra Tribsees ser vi det ske: Ud af evangeliekværnen kommer Jesusbarnet, der meget passende sidder i alterkalken. Den holdes af fire af kirkens ærværdige fædre, og i feltet til venstre uddeles sakramentet så i nutidigt regi. På den måde kan den inkarnerede verdensfornuft, Ordet, der blev kød, brede sig som ringe i vandet. Til højre sker det på en anden måde: Her ser vi kroningen af Friedrich III (1440-1493), den sidste tyske kejser, der blev kronet hos paven i Rom. Foruden kronen får han overrakt en stor hostie, så også udnævnelsen af en kejser bliver et aspekt af inkarnationen.

Det blev også menigheden i St. Thomaskirken i Tribsees ved deltagelsen i nadveren. Her kunne de så at sige downloade *logos,* den verdensfornuft, der i Kristus var blevet kød, og som havde rådet bod på arvesynden. Altertavlen fungerer omtrent som en indisk brahmanatekst: den viser i et helt verdensbillede, hvad hostien kan. I den er selve skabelsens princip og sejren over arvesynden indeholdt, og den har derfor et universelt potentiale, for rigets styrelse såvel som for hvert enkelt medlem af menigheden i St. Thomaskirken i Tribsees.

---

[45] Evangelisterne fremstilles traditionelt med forskellige hoveder: Marcus med løvehoved, Matthæus med menneskehoved, Johannes som ørn, Lukas som okse.

Konklusion

I det foregående har vi komparativt studeret offer som et religiøst udtryk – eller man kunne sige, at vi har studeret offerets retorik. Retorik er jo kunsten at bringe virkningsfulde og overbevisende udtryk i stand, og vi har netop set, hvordan man kan samle tråde fra et helt verdensbillede og fra alt, hvad man forestiller sig om verden som proces, i et enkelt offermateriale. Derved opnår man at skabe et tilgængeligt omdrejningspunkt, hvori man aktivt kan arbejde med på verdens gang, forny livet og korrigere for fejl og metaltræthed. Det er dette virkningsfulde udtryk, man kalder offer, uanset om gaver eller guder er involveret i det. Vi har meget bevidst arbejdet med en slags minimumsdefinition, hvor et offer først og fremmes er et ritual; karakteristisk for det er at det anvender et materiale, der forbruges eller deponeres i løbet af eller i forlængelse af ritualet. Gaver og guder er blot nogle af de tråde, der eventuelt samles i offermaterialet. For de mennesker, der ofrer, er handlingen naturligvis virkningsfuld i ligefrem og egentlig forstand: den bevirker en hel masse og er et reelt medarbejde på verdens gang. Betragtet udefra kan handlingen fremstå som imponerende, overbevisende og statusgivende for de medvirkende, men offerets retorik er tilrettelagt ud fra de medvirkendes synspunkt: dette er, som alle ritualer, noget der skal virke. Alle de tråde, der samles i et offermateriale, er der for at bidrage til denne virkning, og vi har netop, især i det vediske offer og i det ægyptiske maat-offer, set en bestræbelse for at sikre denne virkning så universelt som muligt.

Et rituals virkning tænkes at spredes som ringe i vandet – men når det gælder offer, er der ofte et fællesmåltid, der ligesom fremstiller denne spredning i en konkret begivenhed, hvor flere får del i offermaterialet og alt det som det repræsenterer. Vi så i det indiske soma-drikkelag og på altertavlen fra Tribsees, hvordan måltidets deltagere måtte tænkes så at sige at downloade ritualets *kosmonomi*. I det større samfunds perspektiv kan måltidet naturligvis også stadfæste og understøtte sociale hegemonier: der vil altid være nogle, der spiser med, og nogle, fx gilyakernes kvinder og børn, der må nøjes med rester.

I den klassiske religionsfænomenologis tid (ca. 1925-1975) tjente komparative studier til at bestemme fx offerets væsen. Det er med tiden blevet forunderlig uklart, hvad det indebærer, men det overflødiggør i hvert fald ikke de eksempler, vi har sammenlignet. Vores abstrakte konklusion er kun et begrebsskema, der ikke duer til noget uden konkrete, rigt varierede eksempler. Hvad vi har lært, er kun at stille spørgsmål; hvert eneste offer må undersøges i detaljer, men her hjælper de abstrakte begreber en hel del. Det er heller ikke sådan, at den retorik, vi efterhånden har lært at kende, kun optræder hvor der bruges et offermateriale.

Offerets retorik er naturligvis til disposition i andre religiøse sammenhænge end netop det ligefremme offerritual, der forbruger et materiale.[46] I Indien kan der trækkes linjer fra Purusha-offer, hesteoffer og al-offer til *mānasayajña*, 'et tankeoffer' eller 'et ritual udført i sindet.' Mahony (1998, 150) ser med rette heri en kulmination af den vediske tænkning. Fra brahmanen, der med al sin universaliserende klassifikatoriske viden overvågede og levede med i det konkret udførte offerritual, er der ikke så langt til *upanishad*-litteraturens meditative religionsform, hvor offerets retorik finder anvendelse på det rene åndelige gennembrud, der ikke

[46] Bertholet (1942, 26) talte om en 'Entwicklungsfähigkeit eines Sinnes des Opfers' fx. 'Entmaterialisierung, Spiritualisierung, Sublimierung, Verinnerlichung ...' Men heri ligger vel ikke andet end offerretorikkens tilpasning til andre af det religiøse livs former.

kræver offerdyr og rituelt udstyr.[47] På meget tilsvarende måde går der en linje fra det ægyptiske Maat-offer til hermetiske teksters *logikē thysia*, 'et offer i ord' eller om man vil 'et åndeligt offer.' [48] Hermetikerens åndelige gennembrud og opgåen i Altet og skabelsen kan skildres i vendinger, der bygger på sprogbrugen i den traditionelle ægyptiske tempelkult og specielt Maatofferet som dens universelle udtryk.

---

[47] Om denne interioriserende udvikling i det klassiske Indien, cf. Jackson & Sjödin 2016, 15-85

[48] Udtrykket bruges i CH XIII, 18 om en hymne, der forstås som det universelle offer; cf. Podemann Sørensen 2016, 134-137

Bibliografi

Forkortelser

AitB — Aitareya Brāhmaṇa, cf. *The Rigveda Brahmanas.* Transl. A.B. Keith, (Harvard Oriental Series 25) Cambridge Mass.: Harvard University Press, 105-344

CH — *Corpus Hermeticum.* I-IV, ed. & tr. A.D. Nock & A. J. Festugière. Paris: Les belles lettres 1945-54

DT — Ohrt, F. (red.) *Danmarks Trylleformler* I-II, Kbh.: Gyldendal 1917-21

KB — Kauṣītaki Brāhmaṇa, cf. *The Rigveda Brahmanas.* Transl. A.B. Keith, (Harvard Oriental Series 25) Cambridge Mass.: Harvard University Press, 345-530

RgV — *The Rigveda* Transl. Stephanie W. Jamison & Joel Brereton, I-III. New York: Oxford University Press 2017

SFR — *Skriftløse folks religioner.* red. J. Podemann Sørensen, Kbh.: Gad 1988

SB — *The Śathapatha Brahmana*, Transl. Julius Eggeling, Part I-V (=SBE 12, 26, 41, 42, 44) Oxford: Clarendon Press 1882-1900. Repr. Delhi 1972

TS — *The Veda of the Black Yajus School entitled Taittiriya Sanhita I-II.* Transl. A.B. Keith, (Harvard Oriental Series 18-19). Cambridge Mass. 1914

YV — *The Texts of the White Yajurveda.* Transl. R.T.H. Griffith. Benares: E.J. Lazarus 1899

Faglitteratur

Ahle, Allan, Lene N. Andersen, Annika Hvíthamar & Tim Jensen (red.)
2013 — *Horisont: Grundbog i Religion.* Kbh.: Gyldendal

Altenmüller, Hartwig
1982 — "Opferumlauf", in *Lexikon der Ägyptologie* IV, 596-597. Hrsg. W. Helck & W. Westendorf. Wiesbaden: Harrassowitz

Assmann, Jan
1990. — *Maat. Gerechtigkeit und Unsterblichkeit im alten Ägypten.* München: C.H. Beck
1999 — *Ägyptische Hymnen und Gebete.* Göttingen: Vandenhoeck & Ruprecht

Barta, Winfried
1968. *Aufbau und Bedeutung der altägyptischen Opferformel* (Ägyptologische Forschungen 24). Glückstadt

Batchelor, John
1929. *Ainu Life and Lore.* Tokyo

Bertholet, Alfred
1942 *Der Sinn des kultischen Opfers* (Abhandlungen der Preussischen Akademie der Wissenschaften 1942/2) Berlin 1942

Bonnet, Hans
1924 *Bilderatlas zur Religionsgeschichte.* Hrsg. Hans Haas. 2.-4. Lieferung: *Ägyptische Religion.* Leipzig: A. Deichertsche Verlagsbuchhandlung

Clère, J.J. & J. Vandier
1948 *Textes de la première période intermédiaire et de la XI. dynastie. 1. fascicule.* (Bibliotheca Aegyptiaca 10), Bruxelles: Fondation Égyptologique Reine Élisabeth Presses universitaires de France, I, 257-302

Egerod, Søren
1987 *Kinas religioner I.* København: Gyldendal

Fenger, Sven (red.)
1919 *Religionshistoriske Tekster.* København: Gyldendal (talrige optryk)

Frankfort, Henri
1948 *Kingship and the Gods. A Study of Ancient Near Eastern Religion as the Integration of Society & Nature.* Chicago: University of Chicago press

Gonda, J.
1954 *Aspects of early Vishnuism.* Utrecht: Uitgevers MiJ

Hardy, E.
1898 *Indische Religionsgeschichte.* Leipzig: Göschen

Heim, R.
1892 *Incantamenta magica Graeca Latina.* Lipsiae: Teubner (særtryk af Supplementum Annalium Philologicorum 19: 465-575)

Hubert, Henri & Marcel Mauss
1898 "Essai sur la Nature et la Fonction du Sacrifice", *L'Année sociologique 1898:* 29-138. Engelsk overs.: *Sacrifice.* 1964. Repr. Chicago: Univ. of Chicago Press 1981

Jackson, Peter & Anna-Pya Sjödin (eds.)
2016 *Philosophy and the End of Sacrifice.* Sheffield: Equinox

Jørgensen, Mogens
1996. *Katalog: Ægypten I. Ny Carlsberg Glyptotek.* København: Ny Carlsberg Glyptotek

Karlgren, Bernhard
1950 *The Book of Odes.* Stockholm: Museum of Far Eastern Antiquities

Leeuw, G. van der
1920 "Die do-ut-des-Formel in der Opfertheorie," *Archiv für Religionswissenschaft* 20, 241-253.
1970 *Phänomenologie der Religion.* Tübingen: J.C.B. Mohr

Mahony, William K.
1998 *The Artful Universe. An Introduction to the Vedic Religious Imagination.* Albany: State University of new York Press

Moret, Alexandre
1902 *Le rituel du culte divin journalier en Egypte.* Paris: Musée Guimet (repr. Genève 2007).

Naert, Pierre
1960 *Aioina. En bok om ainufolket I fjärran östern.* Stockholm: Natur och kultur

Naiden, F.S.
2013 *Smoke Signals for the Gods: Ancient Greek Sacrifice from the Archaic through Roman Periods.* New York: Oxford University Press

Paproth, Hans-Joachim
1976 *Studien über das Bärezeremoniell* I. Uppsala: Religionshistoriska Institutionen; München: Klaus Renner Verlag

Podemann Sørensen, J.
1984 "The Argument in Ancient Egyptian Magical Formulae," *Acta orientalia* 45, 5-19
2001 "Det religiøse nulpunkt", *Religionsvidenskabeligt tidsskrift* 39: 3-13
2006 *Komparativ religionshistorie* (Janua religionum 2). Kbh.: BoD
2013 *Det gamle Ægyptens religiøse litteratur. Fra Pyramideteksterne til Hermes Trismegistos.* Højbjerg: Univers.
2016 "The All as *logikē thusia*" In Jackson & Sjödin 2016, 123-142
2018 "Det religiøse nulpunkt i religiøs terminologi", *Chaos. Skandinavisk tidsskrift for religionshistoriske studier* 69: 21-42

Proferes, Theodore
2007 *Vedic Ideas of Sovereignty and the Poetics of Power.* (American Oriental Series 90) New Haven CT: American Oriental Society

Schott, S.
1953. *Das schöne Fest vom Wüstentale. Festbräuche einer Totenstadt.* (Abhandlungen der Akademie der Wissenschaften und der Litteratur in Mainz. Geistes- und Sozialwissenschaftliche Klasse, Jahrgang 1952, Nr. 11, Wiesbaden: Steiner

Schrenk, Leopold von
1895 *Reisen und Forschungen im Amur-Lande* Bd. III: Dritte Lieferung. St. Petersburg: Kaiserliche Akademie der Wissenschaften

Smith, Brian
1994 *Classifying the Universe.* New York: Oxford University Press

Smith, W. Robertson
1894 The Religion of the Semites. London. Reprint New York: Schocken Books 1972

Sternberg, Leo
1904 "Die Religion der Giljaken", *Archiv für Religionswissenschaft* 8: 244-274; 456-473.

Teeter, Emily.
1997 *The Presentation of Maat.* Chicago: Univ. of Chicago Press

Thomassen, Einar
2004 "Sacrifice: Ritual Murder or Dinner Party" in *Celebrations.* Ed. M. Wedde (Papers from the Norwegian Institute at Athens 6) Bergen

Tuxen, Poul
1953 *De ældste Upanishader* (Verdensreligionernes Hovedværker 4), København: Gyldendal

Vernant, Jean-Pierre
1982 *Myth and society in Ancient greece.* London: Methuen
1991 "The General Theory of Sacrifice and the Slaying of the Victims in the Greek Thusia," in J.-P. Vernant, *Mortals and Immortals. Collected Essays.* Princeton, N.J.: Princeton University Press
1992 *Myte og religion I det antikke Grækenland.* Maribo: Skovlænge

Janua religionum.
Studia historica et comparativa

1. J. Podemann Sørensen: *Religionshistoriens kilder: en lille metodelære.* 2006. 72 sider, kr. 75,-

2. J. Podemann Sørensen: *Komparativ religionshistorie.* 2006. 107 sider, kr. 110,-

3. Nanna Liv Elkjær Olsen: *Det uudsigelige. Studier i Plotins mystik.* 2008. 156 sider, kr. 135,-

4. Gina Gertrud Smith: *Medina Gounass: Challenges to Village Sufism in Senegal.* 2008. 96 sider, 25 farvefotos, kr. 140,-

5. J. Podemann Sørensen: *Ægyptisk religion i oldtiden.* 2009. 114 sider, kr. 110,-

6. J. Podemann Sørensen: *Divination.* 2010. 124 sider, kr. 120,-

7. J. Podemann Sørensen: *Ritual og praksis. Tanke, sprog og handling i komparativt religionshistorisk perspektiv.* 2013. 240 sider, kr. 149,-

8. J. Podemann Sørensen: *Religio mentis – Sindets religion. En introduktion til Hermesskrifterne.* 2015. 140 sider, kr. 120.

9. J. Podemann Sørensen: *Det udenbys gys: invitation til religionshistoriske studier.* 2019. 148 sider, kr. 125,-

10. J. Podemann Sørensen: *Offer.* 2023. 64 sider, kr. 70,-

Bøgerne fås i boghandelen eller på bod.dk eller saxo.dk